本书系厦门大学校长基金项目"社会新闻记者的职业角色认同"（NO.20720151015）的成果，

# 地方报业记者的职业角色

## 理论分析与个案研究

Local press journalists' professional roles

Theoretical analysis & case studies

**熊慧　著**

厦门大学出版社　国家一级出版社
XIAMEN UNIVERSITY PRESS　全国百佳图书出版单位

图书在版编目(CIP)数据

地方报业记者的职业角色：理论分析与个案研究/熊慧著.—厦门：厦门大学出版社,2020.11
ISBN 978-7-5615-7988-6

Ⅰ.①地… Ⅱ.①熊… Ⅲ.①记者—新闻工作—研究—中国 Ⅳ.①G214.2

中国版本图书馆 CIP 数据核字(2020)第 238800 号

| | |
|---|---|
| 出 版 人 | 郑文礼 |
| 责任编辑 | 王鹭鹏 |

**出版发行** 厦门大学出版社

| | |
|---|---|
| 社 址 | 厦门市软件园二期望海路 39 号 |
| 邮政编码 | 361008 |
| 总 机 | 0592-2181111 0592-2181406(传真) |
| 营销中心 | 0592-2184458 0592-2181365 |
| 网 址 | http://www.xmupress.com |
| 邮 箱 | xmup@xmupress.com |
| 印 刷 | 厦门集大印刷厂 |

| | |
|---|---|
| 开本 | 720 mm×1 000 mm 1/16 |
| 印张 | 12.25 |
| 插页 | 1 |
| 字数 | 207 千字 |
| 版次 | 2020 年 11 月第 1 版 |
| 印次 | 2020 年 11 月第 1 次印刷 |
| 定价 | 48.00 元 |

厦门大学出版社
微信二维码

厦门大学出版社
微博二维码

# 前　言

　　数年前,偶然看到一项海外研究,关注记者的职业角色认同。适时恰逢个人研究进入瓶颈期,看到"认同"二字与我曾经向往的职业联系在一起,感觉既新奇又惊喜。翻查资料的过程中,我深入了解了新闻社会学的经典理论和研究,其中有关新闻、新闻实践与新闻业的洞察、阐释与反思,为我聚焦记者角色、继续致力于"媒体与认同"研究提供了动力和灵感源泉。

　　最初,我主要考察记者职业角色认同的第一个层面——角色认知,探讨这一群体如何看待和理解新闻媒体及自身的社会职能。完成这一部分的研究后,"知"与"行"的关系,角色认知与角色行为的比较,顺理成章地进入研究视野。观念和行为的差异,进而又激发我思考职业角色认同的形成和维系机制,包括角色规范的观念来源,以及在"知行不一"时缓解冲突、合理化自身行为的叙事策略。从始至终,地方报业都是我主要的研究对象。这一决定源于地方报业在国内媒体转型中的角色和它在学术研究中受关注程度的反差。

　　历史上,国内的地方报业一直扮演媒体改革先驱者的角色。1996年,正是广州日报集团的成立揭开了中国媒体集团化的序幕。2007年,第一批参与中国数字报纸实验室项目、开启媒体融合进程的十八家媒体单位中,有十家是地方报业集团。近十年间,新媒体语境下的国内新闻业面临挑战,地方报业首当其冲。2012年,全国报业——主要是地方报业——的发行量和广告收入第一次出现负增长;短暂好转后,又在2014年急遽下滑。从2014年起,被关停的地方报纸越来越多。地方报业陷入危机,有待进一步转型逐渐成为国内媒体从业者的共识。

迄今为止，国内有关媒体转型的研究多聚焦报业整体、全国性报业或经济较发达地区的地方报业。那些在媒体转型过程中经常扮演"追随者"角色的地方报业较少受到学界关注，但它们恰恰是赋予中国媒体转型图景以地域多样性的关键所在。故此，我选择了一些较为典型的地方报业——中等规模、在媒体转型中处于"追随者"位置、鲜少出现在学界视野中——作为分析个案，力图通过对它们的"深描"，揭示记者职业角色的特殊形态及其制度化机制，呈现媒体转型背景下报业生态、新闻文化的地域多样性。

值得一提的是，当前美国、德国等西方发达国家以及广大发展中国家的新闻业也正在转型。作为新闻和传播学研究的显题，记者角色为国外学者观察、理解和预测这场转型提供了重要视窗。围绕记者角色，国外学界展开了持续、系统的研究，在积累丰富实证数据的同时，也贡献了一系列概念、理论与模型。遗憾的是，全球性的、共通的行业语境虽大大增加了独立、跨国/地区比较研究的增长，却并未促成真正意义上的广泛、深入的学术对话。无论是我们对西方发达国家的记者角色的了解抑或西方学界对包括中国在内的世界其他国家和地区的记者角色的认识，都非常有限。

撰写本书，目标不仅在于展示国内中等规模地方报业记者角色的独有形态，还在于贡献与中国新闻业有关的新的、详细的经验证据，推动有关媒体转型背景下记者角色研究的学术对话。为此，本书兼顾理论分析与个案研究：一方面，系统梳理有关记者角色的文献，帮助读者知悉该领域的研究成果，尤其是国外研究成果；另一方面，呈现系列扎根于中国地方报业的个案研究，以记者角色为窗口，增进读者对当前中国新闻业行业生态和文化的了解。

截至此书撰写完成之日，有关记者角色的理论和研究仍主要出自西方发达国家的新闻传播学界。本书无意改变这一局面，但也并不愿完全沦为西方理论的注脚。因此，书中陈列的个案研究同时涵盖直接借鉴西方概念体系和操作化方法的量化研究(第四、五、六章),及更多采纳既有理论视角而非框架的质化研究,如将记者角色视为话语制度,在此视角下具体而微地考察国内地方报业记者角色调整后重新制度化的动态机制(第七、八章)。

具体来说,全书以记者角色为核心,围绕认知、行为、规范、叙事四个维度展开,共包括两个部分八个章节和五篇附录。

本书的"理论分析"部分包括三个章节,旨在介绍记者角色的核心概念、理论与模型,为个案研究的选题和设计思路提供理论依据。其中,第一章从职业角色认同的定义出发,分别呈现国内外有关记者角色认知及行为的研究,旨在帮助读者厘清三个核心概念——角色认同、角色认知与角色行为的关系。第二章系统回顾新闻工作的影响层级理论,在此基础上,梳理影响记者职业角色认知与行为的因素。第三章导入记者角色过程模型,阐述其与话语制度主义理论之间的渊源,介绍规范和叙事视角下的记者角色研究。

接下来的五个章节,构成本书的第二部分,旨在呈现围绕记者角色各维度展开的个案研究,以点及面,帮助读者了解媒体转型背景下国内中等规模地方报业的生态和新闻文化。其中,第四、五章共同呼应第一章的理论线索。前者以福建地区三家报业十一份报纸的一线记者为对象进行调查研究,考察该群体对自身职业角色的感知;后者以福建地区六份报纸的自采新闻报道为对象展开内容分析,描述记者的职业角色行为,比较其与角色认知之间的异同。第六章呼应第二章的理论线索,报告上面的调查研究及内容分析的其他结论,揭示影响福建地方报业记者职业角色认知和行为的因素。第七、八章循着第三章的理论线索展开。前者通过调查和深度访谈剖析福建地区受众对新闻媒体及其从业者的社会职能的期望,呈现规范视角下的记者角色。后者转向叙事视角,以福建地方报业记者为对象展开调查和深度访谈,考察该群体对新媒体和媒体融合对新闻生产的影响的评价,尤其关注受访者如何区分记者与主管、编辑以及自媒体用户从而合理化其融合新闻生产参与行为,关注这一态度立场是否能预测福建地方报业记者角色的未来形态。

正文之后的五篇附录,包括个案研究中调查的问卷、内容分析的编码指南,及深度访谈的问题提纲。呈现这些资料,有助于读者更好地评价个案研究的信效度。

本书主要以新闻社会学领域的研究者以及对该领域感兴趣的新闻传播学专业硕士和博士研究生为目标读者。近年来,在新闻社会学视角下考察国内记者以及其他类型新闻从业者的职业角色的研究明显增多。本书的首要用途,在于向正致力于记者角色研究的国内同行介绍新的研究方向和方法操作指南。另一用途是为相关硕博士提供教学用书。此外,本书也可作为媒体从业者的业余读物,助其更好地理解自己的职业和所在行业。

由于时间、精力和视野的局限,本书在内容方面仍存在不足,恳请各位读者不吝赐教！期待此书能抛砖引玉,吸引更多国内同行关注媒体转型期的记者角色,加速相关议题的本土化理论建构与发展,促成国内外学术界的相互理解和对话。

# 目 录

# 第一章 记者的职业角色认知与行为

过去半个世纪,记者角色一直是新闻学研究的显题。围绕记者角色展开的研究,大致经历了两个阶段:最初,关注记者的角色认知和行为,回答记者想要扮演和实际扮演何种职业角色,以及他们的职业角色观念和实践受到什么因素影响的问题;近年来,将角色规范和叙事纳入分析视野,回答记者应该扮演和宣称扮演何种职业角色以建构及重申职业权威性的问题。有关记者角色的理论分析,集中在全书的前三章,以上述三个问题为线索展开:首先,回顾有关记者职业角色认知和行为的理论及研究;其次,呈现有关记者角色认知及行为的影响因素的理论成果;最后,展示规范和叙事视角下的记者角色研究的进展。

国内新闻业的结构性转型,始于20世纪70年代,在90年代全面加速。之后,伴随营业收入的急剧下滑和新媒体冲击的加剧,新闻业改革驶入"深水区",呈现出异常复杂的图景。过去十年间,持续、深刻的媒体转型,全面改写了新闻工作的形态、规则和环境,什么是新闻业,什么是好新闻、好记者,答案变得不确定。在这一特殊的时代语境下,聚焦记者角色的形态及其转化、变迁机制,有助于揭示和理解新闻业的当前生态,预测其未来走向。本书着重报告的个案研究,分布在第四至第八章。受到既有理论的启发,这五章分别呼应记者角色研究的五个核心议题:第一,记者如何评价不同职业角色的重要性?第二,在日常新闻报道中,记者经常扮演的职业角色有哪些?第三,什么因素影响记者有关职业角色的观念和日常性实践?第四,社会尤其是受众期待记者扮演什么样的职业角色?第五,在当前新闻生产中,记者宣称他们扮演了什么样的职业角色?

作为理论分析部分的开端,本章将细致回顾记者职业角色认知与行为研究的理论渊源,在此基础上,系统爬梳相关类型学的历史建构过程,为之后福建地方报业记者职业角色认知与行为的实证研究提供理论基础。

# 第一节　记者的职业角色认同

与记者职业角色认知和行为相关的研究，从社会学、社会心理学领域汲取了诸多灵感。其中，以角色理论、角色认同理论最为相关。

## 一、自我与角色

1934 年，美国社会学家米德首次对"自我"进行探讨。在《心灵、自我与社会》一书中，米德明确指出："我们不知不觉地像其他人对我们说话那样对自己说话……我们无意识地置身于他人的地位并像他人那样行动……我们不断在自身引起我们在他人身上引起的那些反应，尤其是透过有声的姿态，使我们在自己的行动中采取他人的态度。"[①]

在米德看来，人与动物的区别在于人类对语言的使用以及在此基础上形成的自我意识。我们听到自己对他人说话，在他人反应的同时，我们也对自己所说的话做出同样的反应。换言之，人类具有使自我成为客体的能力。正是透过这样一个自我客体化的过程，我们采纳他人的态度，指引自己的行为，逐步社会化，确立自我并使之发展。

所谓"角色"，指"个人在社会关系中处于特定地位，并符合社会期待的一套行为模式"[②]。在米德搭建的理论体系中，自我是各种角色的总和，角色是理解社会化过程和自我形成机制的关键。米德强调，个体透过语言符号的使用来学习"他人的角色"，在此基础上确立自我。角色扮演是个体与社会的联结点：在游戏中，儿童学会采纳其他角色的态度；在竞赛中，儿童学会采纳所有其他角色的态度，从一个共同体成员的身份出发，对各种不同的社会计划采取行动。正是在后一阶段，"共同体对其个体成员的行动加以控制……社会过程或共同体作为一种决定因素进入个体的思维"[③]。

---

① 米德.心灵、自我与社会[M].赵月瑟,译.上海：上海译文出版社,1992:61.
② 奚从清.角色论：个人与社会的互动[M].杭州：浙江大学出版社,2010:6.
③ 米德.心灵、自我与社会[M].赵月瑟,译.上海：上海译文出版社,1992:138.

在继承和发展米德的理论观点的基础上,美国社会学家布鲁默完成对"符号互动论"的系统阐释,断言人类社会离不开阐释的过程——参与者根据他人反馈即时调整自身行为,使其与他人行为相互吻合,形成所谓的"联合行动",这些行动广泛存在于家庭晚餐、婚礼、辩论等活动中,构成群体生活的基石①。正是阐释的存在,使得包括角色扮演在内的人类行为不再是个体对既有社会结构的机械反应,而是自我互动的产物,是个体阐释和界定既有社会结构的结果。

## 二、认同

所谓认同,就是对自我身份的确认,回答"我是谁"这一问题。受符号互动论等社会学理论的启发,学界开始将自我视为主体的内在世界与外部社会之间相互作用的产物,而非与生俱来、一成不变的实体。基于这一观念,认同也不再是个体拥有的先天特质的集合,而是个体对自我的一种认知模式,是一个在社会化进程中以他人观念为参照,逐步规划自我能力、态度和行为方式的过程。基于不同的参照系,个体可能形成不同的价值观念、态度取向和相应的行为模式,生成不同类型的认同。

在《自我概念》一书中,美国社会心理学家格根将认同分为两个相对独立的亚系统,分别是社会认同和自我认同②。前者指个体将自身归入社会范畴,如种族、民族、性别、职业中的某一群体,并将该群体的特质转化为自我描述的一部分的过程,它帮助个体区分"我群"与"他群";后者指个体对自身具有的特质,如"忠诚""喜爱阅读""擅长烹饪"的确认,它有助于个体区分自己与他人。

## 三、角色认同

以符号互动论的观点为基础,美国社会心理学家麦考尔和西蒙斯引入"角色认同"概念,进一步揭示"自我"的生成机制。二人认为,个体将角色期望内

---

① BLUMER H.Symbolic interactionism:perspective and method[M].Berkeley,Los Angeles & London:University of California Press,1998:70-77.

② GERGEN K J. The concept of self[M]. New York:Holt,Rinehart & Winston,1971:62.

化，产生所谓的"角色认同"，即个体对自我的想象，想象自己处于何种地位，扮演何种角色，该如何行动①。社会心理学家斯特赖克等人延伸上述观点，发展出"角色认同理论"，强调角色承诺、认同显要性和角色选择行为之间的关系，认为个体对于特定角色的依附感和归属感会影响个体在不同情境中将相应角色期望内化并据此行事的程度②。

值得注意的是，角色认同理论还区分了认同的"重要性层级"和"显要性层级"：前者的排序基于个体自身想法、需求和态度，可以等同于"理想自我"；后者更接近于"情境自我"，是主体意愿与现实情境协商后的产物，根据这一排序可以预测个体之后在特定情境下的行为③。如果将个体的想法、需求和态度与社会情境的需要视为一个连续统的两端的话，角色认同处在这两端之间，随着参照系的不同而左右移动：有时，行为选择倾向于遵从个体的主观意愿；有时则倾向于反映社会的期待。概言之，角色认同是个体在主观意愿和社会期待之间不断权衡，以不同程度将后者内化的结果。

具体而言，角色认同的形成过程包含三个环节：首先，认知环节——个体开始了解社会对特定角色的期望；其次，情感环节——个体开始体验和筛选特定角色；最后，行为环节——个体通过观察和实践最终习得特定角色的行为模式，实现行为与意识的统一。前两个环节合称为"角色知觉"，指个体对于自己或他人在特定的社会组织或团体中拥有的关系、地位、作用、权利、义务以及由此产生的行为的认知；最后一个环节称作"角色行为"，指个体承担一定角色时的实际行为④。

较之社会学视角下的角色理论，认同理论倾向于聚焦个体的角色认同，致力于探讨个体认同单一角色(如志愿献血者)的程度和据此预测相应行为的效力，对群体角色认同的生成过程以及个体多元角色认同的形成机制缺乏解释力。尽管如此，这一理论还是为我们理解角色及其认同提供了重要启发：首先，该理论表明，角色是多元的，在不同的社会关系网络中，同一个体可能拥有

---

① MCCALL G J, SIMMONS J L. Identities and interactions: an examination of human association in everyday life[M]. New York: The Free Press, 1978: 65.

② STRYKER S, BURKE P. The past, present, and future of an identity theory[J]. Social psychology quarterly, 2000, 63(4): 284-297.

③ STETS J E, BURKE P. Identity theory and social identity theory[J]. Social psychology quarterly, 2000, 63(3): 224-237.

④ 奚从清. 角色论: 个人与社会的互动[M]. 杭州: 浙江大学出版社, 2010: 92, 118.

不同地位,扮演不同角色;其次,它使我们认识到认同的层次性——个体并不会同等对待所有角色,而是根据情境的需要有所取舍,他(她)对特定角色的认同感越高,就越倾向于使自己的行为与社会对该角色的期望保持一致;最后,它增进了我们对认同本质的认识——角色认同从来都不是一劳永逸的状态,而是一个动态的过程,是个体在主观意愿和社会期望之间取得动态平衡的产物。

## 四、职业角色认同

作为社会类型的一种,职业是社会分工的产物。自诞生伊始,职业就承载着特定的社会期望。从事某一职业的人总是被期待拥有特定的技能,能承担相应工作,并按照特定的方式行事。从事特定职业的人为社会所期待的行为模式,就是所谓的"职业角色"。将社会对于特定职业角色的期望内化的过程,构成"职业角色认同"。

作为"阐释社群"①,新闻记者在一定时期内会承载社会期望,扮演特定的职业角色。以美国记者为例。20世纪20年代以来,随着新闻专业主义尤其是客观性原则的确立,中立、无偏倚地记录新近发生的重要事件曾一度被美国新闻界视为媒体的主要职能。第二次世界大战结束后,美国新闻业垄断加剧,新闻自由受到威胁。在此背景下,美国新闻自由委员会发出倡议,要求新闻界致力于满足社会的需求,承担相应的社会责任②。"社会责任论"的立场要求记者对新闻事件进行解释、分析和评论,这和客观主义新闻学对记者的角色期望存在一定差异。

20世纪60年代初,在对美国时政新闻记者的考察中,科恩发现,及时、客观传递事实的"中立报道者"和对事实进行阐释、分析的"参与倡议者"是美国时政新闻记者最常扮演的角色③。1975年,雅诺维茨进一步厘清"把关人"(亦

① FISH S. Is there a text in this class? The authority of interpretive communities [M]. Cambridge, Mass: Harvard University Press, 1980.
② 新闻自由委员会. 一个自由而负责的新闻界[M]. 展江, 译. 北京: 中国人民大学出版社, 2004: 15.
③ COHEN B C. The press and foreign policy[M]. Princeton: Princeton University Press, 1963.

即中立报道者）和"倡议者"在新闻实践层面的意涵①。此类研究的兴起，与社会责任论的出现密不可分。学界对上述两类角色职能潜在冲突的忧虑，促成记者职业角色认同研究的勃兴。

　　迄今为止，相关研究大多着眼于记者职业角色认同的两个层面——"角色认知"和"角色行为"。就新闻记者而言，角色认知是他们认为应该履行的社会职能②，角色行为是他们履行这些社会职能时的行为表现，即遵循特定角色规范的新闻实践活动。以上两个层面的研究共同促成记者职业角色认同类型学的建构和发展。

# 第二节　记者职业角色认知的类型

　　1971 年，约翰斯通等人率先对美国新闻人员展开全国性调查，了解记者对媒体的"中立"和"参与"职能的看法③，这揭开了记者职业角色认知实证研究的序幕。1972 年，以约翰斯通等人的研究为基础，菲耶斯塔德和霍尔姆勒夫展开全国性调查，考察瑞典报纸记者心目中新闻界应该承担的职能④。基于 1982 年的调查，韦弗和威尔霍伊特在"传播"（亦即中立报道者）和"解释/调查"（类似参与者）之外提出了一种新的职业角色——"对立"，其表现是时刻质疑政府和企业的行为⑤。在 1992 年的调查中，他们又发现"民粹主义动员"角

　　① JANOWITZ M.Professional models in journalism：the gatekeeper and the advocate [J].Journalism quarterly,1975,52(4)：618-626.

　　② TANDOC E C Jr,TAKAHASHI B.Playing a crusader role or just playing by the rules? Role conceptions and role inconsistencies among environment journalists[J].Journalism,2014,15(7)：889-907.

　　③ JOHNSTONE J W C,SLAWSKI E J,BOWMAN W W.The professional values of American newsmen[J].Public opinion quarterly,1972,36(4)：522-540.

　　④ FJAESTAD B,HOLMLÖV P G.What is news? The journalists' view[J].Journal of communication,1976,26(4)：108-114.

　　⑤ WEAVER D H,WILHOIT G C.The American journalist：a portrait of U.S. news people and their work[M].Bloomington：Indiana University Press,1991：104-145.

色,该角色的主要特点是动员读者就社区或政策问题展开行动①。此后,越来越多的新闻学研究者采用调查法考察记者的职业角色认知。

## 一、国外记者的职业角色认知

在过去四十年的跨地区调查研究中,传播者、解释者、对立者和民粹主义动员者这四种主要职业角色的地位得到反复确认②。尽管如此,一方面,从历时性视角来看,记者对不同职业角色的重要性感知仍在变化。以美国记者为例。韦弗等人 2002 年的调查发现,相对于"传播"和"对立",记者更看重解释者和民粹主义动员者角色③。2007 年的追踪调查中,解释者和对立者成为最受记者重视的角色④。2013 年,威尔纳特等人开展的在线调查结果显示,解释者是 1 080 名美国全职记者最认同的职业角色⑤。在美国,记者的职业角色认知从超然的传播者向积极主动的解释者转变。

"解释"角色重要性的提高与美国新闻界对职业理念的反思密不可分。20世纪 30 年代,美国主要的新闻从业者和教育者看到客观性原则的局限性,开始强调新闻界帮助读者知悉并理解新闻的责任⑥。此后几十年间,针对复杂问题进行分析和解释逐渐成为美国记者的共识。近年来,针对不同类型记者的研究,如阿卜杜努尔等人以 165 名地方新闻电视调查记者为对象的调查⑦

① WEAVER D H,WILHOIT G C.The American journalist in the 1990s:U.S. news people at the end of an era[M].Mahwah:Erlbaum,1996.

② ABDENOUR J,RIFFE D.The investigative DNA:role conceptions of local television investigative journalists[J].Electronic news,2016,10(4):224-242.

③ WEAVER D H,BEAM R A,BROWNLEE B J,et al.The American journalist in the 21st century:U.S. news people at the dawn of a new millennium[M].Mahwah:Lawrence Erlbaum,2007.

④ BEAM R A,WEAVER D H,BROWNLEE B J.Changes in professionalism of U.S. journalists in the turbulent twenty-first century[J].Journalism & mass communication quarterly,2009,86(2):277-298.

⑤ WILLNAT L,WEAVER D H,WILHOIT G C.The American journalist in the digital age:how journalists and the public think about journalism in the United States[J]. Journalism studies,2019,20(3):423-441.

⑥ 舒德森.新闻社会学[M].徐桂权,译.北京:华夏出版社,2010:100.

⑦ ABDENOUR J,RIFFE D.The investigative DNA:role conceptions of local television investigative journalists[J].Electronic news,2016,10(4):224-242.

以及坦多克和高桥芳三以环境记者为对象的调查①，均发现美国记者高度认可解释者角色的重要性。在对其他国家记者的调查中，研究者也观察到类似趋势。例如，韦斯对阿根廷、巴西、哥伦比亚、墨西哥和秘鲁记者的在线调查显示，解释者也是拉美国家记者最重视的职业角色②。

解释者角色的重要性逐渐提高，对立者角色相对衰落。这一趋势广泛存在于包括美国在内的诸多国家和地区的新闻媒体之中。1992年，亨宁哈姆针对澳大利亚新闻人员进行的全国性调查显示，"与企业对立"是受访者最不看重的媒介角色③，以阿尔及利亚记者为对象的调查也有类似发现④。

尽管存在诸多共性，有研究表明，记者的职业角色认知受到环境因素的影响，不同国家和地区记者角色的重要性排序存在显著差异。例如，哈尼奇等人对十八国新闻文化的比较研究显示，西方国家记者的职业角色认知更强调"中立"，非西方国家的记者则更强调"参与"⑤。克歇尔的调查发现，差异也存在于西方国家之间——相对于德国记者，英国记者更看重传播者角色，更不看重对立者角色⑥。收集一手数据，是准确了解特定国家或地区记者角色认知的首要途径。有鉴于此，国内研究者展开了一系列的调查或分析，以建构中国记者职业角色认知的类型学。

---

① TANDOC E C Jr，TAKAHASHI B.Playing a crusader role or just playing by the rules? Role conceptions and role inconsistencies among environmental journalists[J].Journalism，2014，15(7)：889-907.

② WEISS A S.The digital and social media journalist：a comparative analysis of journalists in Argentina，Brazil，Colombia，Mexico，and Peru[J].International communication gazette，2015，77(1)：74-101.

③ HENNINGHAM J.Australian journalists[M]//WEAVER D H.The global journalists：news people around the world.Cresskill：Hampton，1998：91-108.

④ KIRAT，M.Algerian journalists and their world[M]//WEAVER D H.The global journalists：news people around the world.Cresskill：Hampton，1998：323-348.

⑤ HANITZSCH T，HANUSCH F，MELLADO C，et al.Mapping journalism cultures across nations：a comparative study of 18 countries[J].Journalism studies，2011，12(3)：273-293.

⑥ KÖCHER R.Bloodhounds or missionaries：role definitions of German and British Journalists[J].European journal of communication，1986，1(1)：43-64.

## 二、国内记者的职业角色认知

1996 年 7 月到 1997 年 4 月,罗文辉、陈涛文等人首次对中国大陆、香港与台湾的新闻人员进行随机抽样调查,比较他们在角色认知等多个变量上的异同。罗文辉等人采纳并修订了约翰斯通等人以及韦弗和威尔霍伊特编制的职业角色认知量表,建构了五种角色,分别是"资讯散布"(亦即传播者)、"解释政府政策"(类似解释者)、"鼓吹民意"(类似民粹主义动员者)、"对立"以及"文化与娱乐"。其中,大陆新闻人员认为最重要的角色是"资讯散布",最不重要的角色是"对立"①。

1997 年,喻国明在全国开展"中国新闻工作者职业意识和职业道德"调查,考察国内记者的职业角色认知。他采纳罗文辉等人发展的角色认知量表,对全国 10 个省、区、直辖市在编在岗的新闻工作者进行抽样调查,发现受访者最看重传播者角色,最不看重对立者角色②。类似趋势在以大陆、台湾、香港三地新闻记者③以及上海新闻从业者为对象的调查中得到证明④。不过,也有研究显示,在调查记者中,传播者依然是最受重视的职业角色,但对立者的重要性排序相对提高,"解释政府政策"和"文化与娱乐"最不被看重⑤。

随着对国内记者职业角色认知现状了解程度的加深,进入 21 世纪以后,一些研究者引入动态观点和历时性视角,梳理和描摹国内记者职业角色认知的变迁轨迹。例如,路俊卫指出,随着社会变革和传播新技术的发展,中国记者的角色认知经历了从文人论政传统(参与倡议)到"宣传"再到"传播"的转

---

① 罗文辉,陈涛文,潘忠党,等.变迁中的大陆、香港、台湾新闻人员[M].台北:巨流图书公司,2004:187-189.

② 喻国明.角色认知与职业意识——中国新闻工作者职业意识与职业道德抽样调查报告(之一)[J].青年记者,1998(2):4-7.

③ CHEN C S,ZHU J H,WU W.The Chinese journalist[M]//WEAVER D H.The global journalists:news people around the world.Cresskill:Hampton,1998:9-30.

④ 陆晔.新闻从业者的媒介角色认知——兼论舆论监督的记者主体作用[J].中国青年政治学院学报,2003,2(22):86-91.

⑤ 张志安,沈菲.媒介环境与组织控制:调查记者的媒介角色认知及影响因素(上)[J].现代传播,2012(9):39-45.

变①。这一变迁轨迹被陈力丹、江凌定义为"回归新闻本质"②。

由此可见，中国记者的职业角色认知循着与西方国家记者相反的方向在推进——西方国家的记者正从科恩所定义的中立报道者向参与倡议者转变，而中国的记者则逐步偏离"参与倡议"，向"中立报道"靠近。这一论断在实证研究中也得到支持。张志安、吴涛在比较1997—2003年三次调查的结果后发现，中国新闻从业者始终把坚持独立、客观地报道事实看作记者的本职，对传播角色的重视并未发生改变，也一直与对立者角色保持疏离状态；与此同时，国内的新闻从业者们对"发布党的政策"和"实现舆论监督"角色的重视程度明显下降③。

有关国内记者职业角色认知的研究，一方面印证了之前的观点——不同国家和地区的记者对职业角色重要性的感知存在差异；另一方面，它揭示了记者的职业角色认知与社会变革和发展之间的关联。据此可推断，随着传播新技术的迭代更新和政治经济格局及新闻文化的调整，国内记者的职业角色认知可能会发生新的变化，研究者有必要对其进行跟踪考察。迄今为止，国内有关记者职业角色认知的研究多着眼全国范围内（或一线城市）的新闻从业者，较少关注地方（尤其是非一线城市）新闻媒体的记者。地方新闻媒体的记者对自身职业角色的认识，成为本书的议题。

# 第三节　记者职业角色行为的类型

较之角色行为，新闻记者的角色认知更能吸引研究人员的注意。这一局面的产生与以下观念密切相关：了解记者的角色认知即可预测其新闻实践的样态。东斯巴赫曾指出，记者相信社会对他们抱有期望，这些期望会被内化为

---

① 路俊卫.新形势下新闻记者的角色认知及职业理念建构[J].湖北大学学报（哲学社会科学版）.2014,41(4):105-110.

② 陈力丹，江凌.改革开放30年来记者角色认知的变迁[J].当代传播,2008(6):4-6.

③ 张志安，吴涛."宣传者"与"监督者"的双重式微——中国新闻从业者媒介角色认知、变迁及影响因素[J].国际新闻界,2014(6):61-75.

行为规范,影响记者的工作表现①。在关于客观性原则的研究中,斯科夫斯加德等人发现,那些对"看门狗"和"公共论坛"角色的认同感比较高的记者在采写新闻时更加注重平衡报道,提供更多确凿的事实②。

尽管如此,也有研究发现,新闻记者的角色认知与行为并不总是一一对应③。职业角色认知研究有助于国内外学界了解记者对新闻媒体社会职能的自我觉知,但它无法准确预测记者群体会将哪方面认知转化为特定的新闻实践活动。为了进一步发掘职业角色认知在实践层面的影响,研究者开始关注新闻记者的职业角色行为,考察记者在新闻生产中实际承担的职业角色。聚焦记者职业角色行为的量化研究直到近十年才出现,但早在 20 世纪中期,国外学界就已经开始关注包括记者在内的新闻从业者的职业角色。

## 一、国外记者的职业角色行为:观察研究

1950 年,怀特研究指出,电报稿的筛选受编辑的个人经历、态度和期望的影响,后者在新闻生产中扮演"把关者"角色;1956 年,吉贝尔以电报稿编辑为对象的研究却显示,电报稿的筛选常受到新闻编辑室的目标、常规和人际关系而非编辑自身判断的影响④。虽然结论不尽相同,怀特、吉贝尔等人都将新闻媒体视为社会组织,尝试在新闻编辑室的层次上理解组织结构和关系对新闻从业者实践活动的影响。受这些研究的启发,20 世纪 60 年代到 80 年代,许多社会学家深入新闻编辑室内部,借鉴人类学田野调查的方式展开民族志研究,形成了"新闻室观察研究"浪潮⑤。

① DONSBACH W.Journalists' role perception[M]//DONSBACH W.The international encyclopedia of communication.London:Blackwell,2008:2605-2610.

② SKOVSGAARD M,ALBæK E,BRO P,et al.A reality check:how journalists' role perceptions impact their implementation of the objectivity norm[J].Journalism,2013,14(1):22-42.

③ TANDOC E C Jr,TAKAHASHI B.Playing a crusader role or just playing by the rules? Role conceptions and role inconsistencies among environment journalists[J].Journalism,2014,15(7):889-907.

④ SCHUDSON M.The sociology of new production[J].Media,culture and society,1989,11(3):263-282.

⑤ 王敏.回到田野:新闻生产社会学的路径与转向[J].南京社会科学,2016(12):100-105.

　　这一浪潮下的研究旨在通过对记者每日新闻制作的流程和策略的实地观察,发掘新闻意识形态的来源及其作用机制。例如,基于对锡博德市和纽约市新闻媒体和记者长达十年的观察,塔奇曼在《做新闻》一书中指出,新闻专业主义理念的确立有其特定的社会历史语境,作为这一理念的产品,新闻是一种具有合法性的意识形态;新闻工作者将自己视为"社会现实的公正的仲裁人",其实质是"以组织方式进行工作的专业人员",组织需求和专业规范之间偶有竞争,但更多是共同维护既有的社会秩序①。

　　此后致力于新闻室民族志的研究者,如费什曼②、甘斯③等也和塔奇曼一样,并不直接聚焦记者的职业角色,而是将注意力放在制约新闻生产的因素上。尽管如此,经由此类研究达成的共识——新闻生产是一个权力体系——引发学界重新审视新闻媒体的社会角色。一方面,越来越多的研究者关注客观性原则在新闻实践中的体现,即新闻记者透过何种话语策略维系自身作为客观公正的社会现实仲裁人的权威性和专业形象;另一方面,在客观-主观之外,新闻室民族志提供了理解记者职业角色行为的两个新维度:第一,与权力的关系,即新闻媒体在多大程度上服务于政府和企业部门,第二,与受众的关系,即新闻媒体在多大程度上服务于个体消费者。

　　新闻室观察研究长于揭示意识形态在新闻生产(尤其是新闻素材选择)过程中的作用机制,但它对于新闻意识形态的呈现问题,即特定的意识形态如何投射到新闻作品中并通过后者与受众互动,缺乏解释力,而这正是下面将要介绍的研究路径——新闻生产的符号学和语言学研究的优势所在。后者主要采用叙事分析的方法,透过对新闻生产的产品(新闻文本)的考察,揭示记者职业角色行为的类型。

## 二、国外记者的职业角色行为:叙事分析

　　新闻将具体的事件转化为有意义的故事,叙事性是新闻生产的中心原

---

① 塔奇曼.做新闻[M].麻争旗,刘笑盈,徐扬,译.北京:华夏出版社,2008:30-40.

② FISHMAN M. Manufacturing the news[M]. Austin: University of Texas Press, 1980.

③ 甘斯.什么在决定新闻[M].石琳,李红涛,译.北京:北京大学出版社,2009.

则①。即使是在数据新闻日益兴起的时代,"说故事"仍然是新闻的根基②。1999 年,埃克斯特伦对电视新闻的传播策略进行分类并指出,电视新闻经常采用"资讯传递""说故事"和"视觉吸引"三种传播模式来吸引观众;相对于资讯传递模式,说故事和视觉吸引模式应用得更加普遍,电视新闻侧重通过讲述戏剧化、激动人心的故事或呈现壮观、令人震惊、不同凡响的画面来赢取观众的注意力③。在新闻研究领域,叙事分析的传统由来已久,尤其在进入 20 世纪 80 年代以后,剖析电视新闻的形式(尤其是叙事结构)进而揭示新闻媒体及其工作者的权威性来源,成为叙事分析的主导性视角。

1992 年,泽利泽对肯尼迪遇刺案报道进行叙事分析后发现,电视记者通过将自己呈现为代言人、目击者、诠释者以及调查者四种角色来突显自己权威发言人的地位④。巴延在对盐湖城地方电视台关于 1995 年俄克拉荷马州爆炸案的新闻报道进行分析后发现,作为叙事者,新闻工作者在报道爆炸案时经常采用第一人称复数,透过不同的话语策略,强调自己作为专业精英或民众代言人的身份,以确立和强化自身的权威性⑤。赫克斯福德指出,透过包括技术手段在内的各种呈现方式,电视新闻中的现场报道制造了一种"不存在于任何地方"的感受,增强了记者作为目击者和专家的权威性⑥。

可知,新闻叙事分析在很大程度上受到塔奇曼等人的新闻社会学研究的启发,将客观性原则视为"策略性仪式"⑦。与新闻编辑室民族志一样,新闻叙

①　JACOBS R N.Producing the news,producing the crisis:narrativity,television,and news work[J].Media,culture & society,1996,18(3):373-397.

②　LANDERT D,MISCIONE G. Narrating the stories of leaked data:the changing role of journalists after Wikileaks and Snowden[J].Discourse,Context & Media,2017,19 (5):13-21.

③　EKSTRÖM M. Information,storytelling and attractions:TV journalism in three modes of communication[J].Media,culture & society,2000,22(4):465-492.

④　ZELIZER B.Covering the body:the Kennedy assassination,the media,and the shaping of collective memory[M].Chicago:University of Chicago Press,1992:192-193.

⑤　BAYM G.Constructing moral authority:we in the discourse of television news[J]. Western journal of communication,2000,64(1):92-111.

⑥　HUXFORD J. The proximity paradox:live reporting,virtual proximity and the concept of place in the news[J].Journalism,2007,8(6):657-674.

⑦　TUCHMAN,G. Objectivity as strategic ritual:an examination of newsmen's notions of objectivity[J].American journal of sociology,1972,77(4):660-679.

事分析的焦点也并不是记者的角色，后者多作为遵循客观性原则的新闻实践的结果，作为建构、强化新闻权威性的话语策略，受到研究者的关注。在有关记者角色行为的量化研究中，这一偏向得到修正。

## 三、国外记者的职业角色行为：量化研究

过去半个世纪，在新闻社会学研究领域，相较于职业角色认知，职业角色行为受到的关注明显较少。聚焦记者职业角色行为的研究数量有限，且大多采取质化的研究方法。直到 21 世纪初，才出现致力于考察记者职业角色行为的量化研究。早期研究的核心议题在于记者的角色认知与角色行为的关系，尤其是考察记者职业角色认知的部分维度在实践和内容层面上的体现。在观念—实践比较视角下，研究者的结论并不一致。

部分研究表明，记者的角色认知会转化为相应的实践行为并最终体现在新闻报道中。例如，分析欧洲四国记者职业角色认知在政治新闻报道内容中的表现时，达伦等人发现，三类角色与特定报道风格有关——强调政治的神圣功能的记者倾向于将政治新闻置于头版并在此类报道中较少使用冲突和游戏框架；注重党派性的记者更倾向于采用负面基调报道自己不支持的政党；强调政治新闻的娱乐功能的记者更关注政治丑闻和政治人物的私生活[1]。斯科夫高等人针对 2 008 名丹麦记者进行的调查也显示，记者的角色认知与他们对客观性原则的重要性感知以及实践相关，作者认为，这一结论意味着记者的观念可能透过客观性原则作用于新闻生产过程，进而影响新闻内容的形态[2]。

尽管如此，许多研究表明，角色认知与角色行为之间并不必然一一对应，甚至有可能全无关联。例如，拉玛普拉塞德和拉赫曼针对孟加拉国记者的调查显示，记者对媒介角色的重要性的感知与他们的实践存在显著性差异[3]。

---

[1]　DALEN A V，VREESE CH D，ALBæK E.Different roles，different content? A four-country comparison of the role conceptions and reporting style of political journalists [J].Journalism，2012，13(7)：903-922.

[2]　SKOVSGAARD M，ALBAK E，BRO P，et al.A reality check：how journalists' role perceptions impact their implementation of the objectivity norm[J].Journalism，2013，14 (1)：22-42.

[3]　RAMAPRASAD J，RAHMAN S.Tradition with a twist：a survey of Bangladeshi journalists[J].International communication gazette，2006，68(2)：148-165.

梅拉多与达伦对智利记者的量化研究的结论与此类似①。小坦多克等人在对比调查和内容分析的结果后也指出,就华盛顿地区的记者群体而言,认同动员者角色的记者更容易在实际的新闻报道中扮演动员者和对立者角色,与此同时,任何类型的职业角色认知都不能预测记者对"传播"和"调查"角色的实践②。

既然记者的观念与实践之间仅存在弱关联,那研究者还有必要继续关注记者的角色行为,将它与角色认知进行比较? 针对此类质疑,梅拉多和达伦指出,既有的研究在考察记者的观念-实践时存在一定的思维偏向,强调认知与行为的一致性,但恰恰是观念-实践的差距更能赋予相关学术讨论以深度——它促使研究者探寻记者"知行不一"的根源,细致发掘和梳理那些制约新闻实践自主性的内外因素③。为此,赫尔缪勒和梅拉多呼吁学界继续探寻记者职业角色认知与行为的差异并给予相应的解释④。

迄今为止,聚焦差异的量化研究验证了诸多职业角色的理想和现实之间的落差,但这一结论并不完全适用于传播者角色。皮尔-廷瓦德在一次调查中发现,丹麦新闻记者认同传播者角色的比例远高过此类实践活动在实际的新闻实践中的比重⑤;梅拉多和达伦的内容分析却发现,智利记者在新闻报道中承担传播者角色的程度高于他们对这一角色的认同程度⑥。尽管如此,以上两项研究都显示,记者承担传播者角色的比重要远远高于其他类型的职业

---

① MELLADO C,DALEN A V.Between rhetoric and practice:explaining the gap between role conception and performance in journalism[J].Journalism studies,2014,15(6):859-878.

② TANDOC E C Jr,HELLMUELLER L,VOS P.Mind the gap:between journalistic role conception and role enactment[J].Journalism practice,2013,7(5):539-554.

③ MELLADO C,DALEN A V.Between rhetoric and practice:explaining the gap between role conception and performance in journalism[J].Journalism studies,2014,15(6):859-878.

④ HELLMUELLER L,MELLADO C.Professional roles and news construction:a media sociology conceptualization of journalists' role conception and performance[J].communication & society,2015,28(3):1-11.

⑤ PIHL-THINGVAD S.Professional ideals and daily practice in journalism[J].Journalism,2015,16(3):392-411.

⑥ MELLADO C,DALEN A V.Between rhetoric and practice:explaining the gap between role conception and performance in journalism[J].Journalism studies,2014,15(6):859-878.

角色。这一结论得到单独考察记者职业角色行为的若干研究的支持①。将这一趋势与欧美以及拉丁美洲记者职业角色认知研究的发现比对可知，新闻实践层面的角色转型实际上落后于观念层面，个中缘由仍有待进一步探讨。

## 四、国内记者的职业角色行为

迄今为止，有关国内记者职业角色问题的研究基本集中在认知层面，仅有少量研究从新闻实践和文本角度切入，考察记者在常规新闻生产以外的信息传播活动中建构与呈现的角色。在此过程中，新闻记者的社交媒体使用（尤其是微博使用）成为主要的分析对象。研究者力图剖析个人化的信息传播行为，洞察新媒体语境下记者职业角色的变迁轨迹。

卞清分析数十位传统媒体记者的深度访谈资料、微博文本、媒体内部资料以及其他公开发表的讨论文章后发现，通过在微博中诉诸"职业抗争"的话语策略，记者与组织展开"隐性合作"，"坦荡荡地从记录者变成了行动者"②。陈宁、杨春对记者微博的内容分析也发现，在社会化媒体中，记者遵循新闻专业规范、服从组织控制的同时，也会主动将有价值的新闻信息引入网络空间，成为"做加法"的把关人，也会积极参与新闻热点话题的讨论，表达个人观点，从中立者向倡导者（鼓吹民意）转变③。王海潮、靖鸣基于记者与受众的微博互动的研究④，陈红梅对名记者微博的内容分析⑤同样表明，记者在微博上更多扮演把关人、倡导者等角色。

聚焦日常性信息传播活动的研究揭示了记者在相对较少的组织控制下自主承担的职业角色（记者想要承担的角色），有助于研究者进一步认识职业角

---

① MELLADO C,LAGOS C.Professional roles in news content：analyzing journalistic performance in the Chilean national press[J].International journal of communication,2014,(8)：2090-2112；MELLADO C,MARQUEZ-RAMIREZ M,MICK J,et al.Journalistic performance in Latin America：a comparative study of professional roles in news content[J].Journalism,2017,18(9).

② 卞清.从"职业新闻人"到"在线行动者"：记者微博的中国场景[J].现代传播,2012(12)：61-64.

③ 陈宁,杨春.记者在社会化没踢中的新闻专业主义角色——以记者微博的新闻生产为例[J].现代传播,2016(1)：133-138.

④ 王海潮,靖鸣.与受众共舞：互动视角下的记者微博[J].新闻大学,2014(5)：74-79.

⑤ 陈红梅.名记者微博的形象呈现及传播特性[J].当代传播,2015(6)：40-42.

色在不同语境下的易变性。尽管如此,从严格意义上说,记者在社交媒体上的个人化信息传播活动并不是职业角色行为研究的对象。未来研究将回归传统新闻生产实践或文本,考察国内记者的职业角色行为的现状及其转型机制,同时观察记者实际承担的职业角色与他们想要承担的以及宣称承担的职业角色之间的异同,在此基础上描述和剖析记者角色形成和演变的过程机制。

# 第二章　记者职业角色认知与行为的影响因素

第一章回顾了记者职业角色认知与行为的类型学研究,本章将探讨影响记者职业角色认知与行为的因素,分三部分展开:新闻工作的"影响层级"理论;有关记者职业角色认知影响因素的研究;有关角色行为影响因素的研究。

## 第一节　新闻工作的影响层级理论

什么因素影响新闻工作,一直是新闻社会学探讨的核心议题。不少研究者尝试建构新闻工作的分析框架,其中,最负盛名的理论来自休梅克和里斯。1996 年,此二人提出影响层级理论,将新闻工作的影响因素分为效应不同的五个层级:个体层级,如记者的背景、态度、职业倾向;媒体惯例层级,如新闻实践的流程;组织层级,如组织目标、角色、结构;外部媒体层级,如信源、经济环境、技术;意识形态层级,如政治制度和文化①。在此基础上,麦奎尔强调,应该从"个体/角色""组织""媒介/产业/机构""社会"和"国际"五个层次考察大众传播生产的影响因素②。2009 年,普雷斯顿提出类似的分析框架,主张从"个体""组织""媒体惯例和规范""政治-经济因素""文化和意识形态权力"五个层级考察影响新闻制作的力量③。

---

① SHOEMAKER P J,REESE S D.Mediating the message:theories of influence on Mass Media content[M].White Plains:Longman,1996.

② 麦奎尔.麦奎尔大众传播理论[M].崔保国,李琨,译.北京:清华大学出版社,2010:224.

③ PRESTON P.Making the news:journalism and news cultures in Europe[M].London:Routledge,2009:7.

以上分析框架的提出,为有关新闻工作影响因素的探讨提供了重要的理论基础。尽管如此,这一系列框架存在两方面局限性:第一,聚焦客观因素,而这些因素无穷尽,研究者难以确认它们对新闻工作的实际影响;第二,对影响因素的分类仍停留在理论层面,缺乏实证数据的支持。有关新闻工作影响因素的实证研究,致力于探寻直接作用于新闻实践的因素及其相对效应,在一定程度上克服了以上两方面的局限性,构成对影响层级理论的有益补充。

## 一、影响新闻决策的个体因素

1950 年,借鉴社会心理学家勒温提出的"把关人"概念——团体中影响决策方向的人[1],怀特率先展开个案研究,考察日报编辑筛选新闻稿的理由。结果显示,编辑的经验、态度和期待影响其抉择,左右报纸的内容[2]。受到怀特的启发,斯奈德进行重复性研究,获得相似结论[3]。尽管如此,怀特开启的这一研究进路——以新闻加工者(编辑)作为研究对象,聚焦个体因素对新闻内容的影响——受到许多研究者的质疑。例如,吉尔布在对 16 位编辑的研究中发现,决策的过程机制比决策者自身的偏向更重要,编辑所能获得的稿件和新闻工作的常规在很大程度上决定报纸最终刊载的内容[4]。巴斯也指出,新闻素材转化为"成品"需要新闻采集者和加工者共同把关,缺少了前者,新闻加工就无从谈起[5]。

此后,有关新闻工作影响因素的学术探讨转向研究记者,呈现为两种进路:一是继续聚焦个体因素与新闻决策之间的关系;二是广泛考察影响新闻决策过程的各类因素,尤其是组织和系统因素的效应。就前者而言,相关研究尤

① LEWIN K.Frontiers in group dynamics Ⅱ:channels of group life; social planning and action research[J].Human relations,1947(1):143-153.

② WHITE D M.The "gate keeper":a case study in the selection of news[J].Journalism quarterly,1950,27(4):383-390.

③ SNIDER P. Mr. Gates revisited:a 1966 version of the 1949 case study[J]. Journalism & mass communication quarterly,1967,44(3):419-427.

④ GIEBER W.Across the desk:a study of 16 telegraph editors[J].Journalism & mass communication quarterly,1956,33(4):423-432.

⑤ BASS A Z.Refining the "gatekeeper" concept:a U.N. radio case study[J].Journalism quarterly,1969,46(1):69-72.

其注重记者的观念、信仰和个人特征对新闻工作的影响。例如,克普林格等人[1]以及皮特森和东斯巴赫[2]的研究均考察记者的个人立场与新闻决策之间的关系,麦考利等人[3]的研究则关注记者的性别、年龄、种族、受教育程度对新闻生产过程的影响。这些研究表明,个体因素的确影响记者的新闻决策,但不同类型的因素在影响程度上不尽相同——前两项研究发现个人立场在新闻决策中仅具有中等程度的预测效应,麦考利等人的研究却支持记者的性别、种族在健康新闻生产中的显著影响。

## 二、其他因素对新闻工作的影响

另一进路聚焦个体以外的其他影响因素,相关研究先后经历了两个发展阶段:早期尤其注重发掘组织因素对新闻工作的影响,致力于探寻影响新闻决策的各类组织因素;后来的研究开始有意识地将不同层级的影响因素同时纳入考量,尝试确认各层级因素的相对效应,其中部分研究还引入比较视野,评估系统因素,如文化、政治制度、经济模式在解释不同国家或地区新闻工作的差异方面的潜力。

魏申贝格等人[4]关于德国记者的调查无疑是早期研究的代表。该调查透过受访者的自我报告,考察参照团体,如上司、同事、朋友、家庭成员,对记者工作的影响。其结果显示,在记者们看来,资深的同事以及读者对他们工作的影响最大。魏申贝格等人将这一发现解读为媒体系统的"自我管理"——新闻工作按照编辑室自身的逻辑运转,甚少受到外部环境的直接影响。新闻编辑室环境对新闻工作的影响,在休梅克等人有关"国会第五十号议案"新闻报道的

① KEPPLINGER H M,BROSIUS H B,STAAB J F.Instrumental actualization:a theory of mediated conflict[J].European journal of communication,1991,6(3):263-290.

② PATTERSON T E,DONSBACH W.News decisions:journalists as partisan actors [J].Political communication,1996,13(4):455-468.

③ MCCAULEY M P,BLAKE K D,MEISSNER H I,et al..The social group influ-ences of US health journalists and their impact on the newsmaking process[J].Health Edu-cation Research,2013,28(2):339-351.

④ WEISCHENBERG S,LÖFFELHOLZ M,SCHOLL A.Journalism in Germany [M]//WEAVER D H.The global journalists:news people around the world.Cresskill: Hampton Press,1998:229-256.

研究中亦得到证明①。受魏申贝格等人的研究的启发,2005 年,哈尼奇在印度尼西亚记者中展开调查并发现,组织因素能很好地预测记者的职业价值观,而个体特征,如性别、年龄、种族、信奉的宗教,对其并无影响②。

第二阶段的成果以哈尼奇等人的研究为代表。2010 年,汲取前一阶段研究的经验,哈尼奇等人排除个体因素,聚焦影响新闻工作的外部因素,测量记者"影响感知"这一概念的结构维度及其重要性排序③。数据分析显示,记者对新闻工作影响因素的感知包含六个维度,即政治影响、经济影响、组织影响、程序影响、专业影响、参照团体的影响;其中,组织、程序和专业因素被视为最重要的影响源,参照团体和经济因素具有中等程度的效应,政治因素对新闻工作的影响最小。

沿用上述的概念操作化方法,哈尼奇和梅拉多在全球 18 个国家开展比较研究,以确认记者对新闻工作影响因素的感知是否存在文化差异。调查结果显示,不同国家的记者对政治影响的感知差异最大,其次是对经济影响的感知,对组织、专业和参照团体影响的感知差异较小,对程序影响的感知不存在显著差异④。这一发现再次印证此前研究的结论——国别最能解释新闻工作的文化差异⑤。在另一项研究中,瑞奇和哈尼奇还尝试在影响感知之外测量

① SHOEMAKER P J,EICHHOLZ M,KIM E,et al.Individual and routine forces in gatekeeping[J].Journalism & mass communication quarterly,2001,78(2):233-246.

② HANITZSCH T.Journalists in Indonesia:educated but timid watchdogs[J].Journalism studies,2005,6(4):493-508.

③ HANITZSCH T,ANIKINA M,BERGANZA R,et al. Modeling perceived influences on journalism:evidence from a cross-national survey of journalists[J].Journalism & mass communication quarterly,2010,87(1):7-24.

④ HANITZSCH T,MELLADO C.What shapes the news around the world? How journalists in eighteen countries perceive influences on their work[J].The international journal of press/politics,2011,16(3):404-426.

⑤ ZHU J H,WEAVER D H,LO V H,et al.Individual,organizational,and societal influences on media role perceptions[J].Journalism & mass communication quarterly,1997,74(1):84-96;BERKOWITZ D,LIMOR Y,SINGER J.A cross-cultural look at serving the public interest:American and Israeli journalists consider ethical scenarios[J].Journalism,2004,5(2):159-181.

不同层级的客观因素对新闻自主性的影响[①]，他们发现，相对于组织因素，个体和国家层面的因素更能解释新闻自主性的差异。

## 三、小结

迄今为止，在何种因素影响新闻工作这一问题上，研究者的答案不尽相同。造成这一局面的原因有二：一是对"何为新闻工作"的理解不一致，二是在实际测量影响因素的过程中采用了不同的方法。就前者而言，早期研究受把关理论的影响，倾向于将"新闻工作"理解为新闻生产过程中的系列决策行为，如选题、报道方式、新闻稿的筛选；现在的研究则将新闻工作描述为记者的"日常工作"，视其为整体性的职场体验或职业社会化过程。就后一原因而言，研究者大致采用两种方法将影响因素操作化：将其界定为客观因素，可直接观察到的、作用于新闻工作各个环节的因素，如记者的教育背景、岗位、职称、媒体所有权、媒体所在地区和国家等；或将其界定为主观因素，即记者感知到的影响新闻工作的因素。相比较而言，既有研究更多使用后一类操作化方法。

源于上述两方面差异，学界对于新闻工作影响因素的重要性排序尚无一致意见。如果将所有的影响因素分为个体、组织和系统三类，既有研究并不能排除个体因素对新闻工作的影响，但其效应在引入其他因素后常常会降低甚至失去显著性。在不考虑个体因素的情况下，单一新闻文化内系统因素对新闻工作的影响一般弱于组织因素；在不同新闻文化之间，较之组织因素，系统因素通常更能解释新闻工作的差异。

## 第二节 影响记者职业角色认知的因素

最初，职业角色认知作为影响新闻决策的潜在因素受到学界关注。20世纪70年代初，有关记者职业角色认知的实证研究兴起，学界开始致力于探寻

---

[①] REICH Z, HANITZSCH T. Determinants of journalists' professional autonomy: individual and national level factors matter more than organizational ones[J]. Mass communication and society, 2013, 16(1): 133-156.

影响此类认知的因素。研究获得的诸多发现,在丰富新闻工作的影响层级理论的同时,还顺应了新闻学研究对"普适性"职业角色假定下的西方中心主义立场的反思,推动学界持续关注职业角色认知的多样性。

# 一、个体因素对职业角色认知的影响

早期调查研究尤其关注个体因素对职业角色认知的影响,其中,人口统计学特征,尤其是性别、年龄、工作年限、受教育程度等,以及个体的主观特质,如职业价值观、工作自主性、工作满意度,构成此类研究的焦点。

**1.主要人口统计学变量的影响**

作为基本的人口统计学特征,性别与职业角色认知的关系吸引了较多研究者的目光。一项调查研究显示,性别与职业角色认知之间存在复杂勾连——性别与传播者角色认知无关,与解释者、对立者角色认知部分相关,其中,美国女记者较不重视解释者角色,俄罗斯的女记者则较不重视对立者角色[1]。卡西迪以美国 456 名日报记者为对象的调查显示,男女记者对"解释""对立"和"民粹主义动员"角色的认知无差异,但女记者更重视传播者角色[2]。苏林森在中国五市的调查也发现,女记者比男记者更重视传播者角色[3]。其他多项研究均表明,性别不能有效预测记者职业角色认知的差异[4]。

在考察年龄与记者职业角色认知的关系时,学界也有不同结论。若干研

①　WU W,WEAVER D,JOHNSON O V.Professional roles of Russian and U.S.journalists:a comparative study[J].Journalism & mass communication quarterly,1996,73(3):534-548.

②　CASSIDY W P.Traditional in different degrees:the professional role conceptions of male and female newspaper journalists[J].Atlantic journal of communication,2008,16(2):105-117.

③　苏林森.宣传者、营利者和传播者:中国新闻工作者的角色认知[J].国际新闻界,2012(8):33-38,102.

④　张志安,沈菲.媒介环境与组织控制:调查记者的媒介角色认知及影响因素(下)[J].现代传播,2012(10):35-40;李思思.从参与性媒介到媒介性参与:中国职业记者的微博实践与角色认知[J].新闻界,2017(5):2-8;HANITZSCH T.Mapping journalism culture:a theoretical taxonomy and case studies from Indonesia[J].Asian journal of communication,2006,16(2):169-186;ABDENOUR J,RIFFE D.The investigative DNA:role conceptions of local television investigative journalists[J].Electronic news,2016,10(4):224-242.

究表明，年龄越大，工作年限越长，记者越重视中立者角色①。哈尼奇的调查则发现，重视对立者角色的记者平均年龄和工作年限最长，而重视促进者（服务于权力精英）角色的记者平均年龄和工作年限最短②。与此同时，部分研究仅支持年龄、工作年限对记者职业角色认知的有限影响③，还有一些研究显示，这两种人口统计学变量对记者的职业角色认知无影响④。

　　这一趋势同样表现在有关受教育程度与职业角色认知的研究中。1972年，约翰斯通等人的调查发现，受教育程度越高的记者越不重视中立者角色，越重视参与者角色⑤。1996年，吴维（音译）和约翰斯通对比美国和俄罗斯记者，发现受教育程度与记者对"传播"和"对立"角色的认知无显著相关关系，仅影响记者对"解释"角色的重视程度⑥。此后，更多研究指出，受教育程度不影

　　① JOHNSTONE J W C，SLAWSKI E J，BOWMAN W W.The professional values of American newsmen[J].Public opinion quarterly，1972，36（4）：522-540.苏林森.宣传者、营利者和传播者：中国新闻工作者的角色认知[J].国际新闻界，2012（8）：33-38，102.

　　② HANITZSCH T. Populist disseminators，detached watchdogs，critical change agents and opportunist facilitators：professional milieus，the journalistic field and autonomy in 18 countries[J].International communication gazette，2011，73（6）：477-494.

　　③ 苏林森.宣传者、营利者和传播者：中国新闻工作者的角色认知[J].国际新闻界，2012（8）：33-38，102；陶建杰，张志安.网络新闻从业者的媒介角色认知及影响因素——上海地区调查报告之三[J].新闻记者，2014（2）：63-68；丁方舟，韦路.社会化媒体时代中国新闻从业者的认知转变与职业转型[J].国际新闻界，2015（10）：92-106；WU W，WEAVER D，JOHNSON O V.Professional roles of Russian and U.S.journalists：a comparative study[J].Journalism & mass communication quarterly，1996，73（3）：534-548.

　　④ 张志安，沈菲.媒介环境与组织控制：调查记者的媒介角色认知及影响因素（下）[J].现代传播，2012（10）：35-40；ABDENOUR J，RIFFE D.The investigative DNA：role conceptions of local television investigative journalists[J].Electronic news，2016，10（4）：224-242；李思思.从参与性媒介到媒介性参与：中国职业记者的微博实践与角色认知[J].新闻界，2017（5）：2-8.

　　⑤ JOHNSTONE J W C，SLAWSKI E J，BOWMAN W W.The professional values of American newsmen[J].Public opinion quarterly，1972，36（4）：522-540.

　　⑥ WU W，WEAVER D，JOHNSON O V.Professional roles of Russian and U.S.journalists：a comparative study[J].Journalism & mass communication quarterly，1996，73（3）：534-548.

响记者的职业角色认知[1]。

除上述因素外,研究者还考察了专业背景[2]、民族[3]、工作地位[4]、收入[5]等人口统计学特征的效应,结论同样是这些因素对记者职业角色认知只有有限影响。

**2.主观因素的影响**

部分研究者尝试考察主观因素对记者职业角色认知的影响。这些因素大体可分为两类:一般观念,如个人价值观;与新闻工作密切相关的观念,如记者对媒体影响、受众期望、工作自主性的感知。

普莱桑斯和谢维斯从一般价值观切入,考察影响记者职业角色认知的主

---

[1]　苏林森.宣传者、营利者和传播者:中国新闻工作者的角色认知[J].国际新闻界,2012(8):33-38,102;张志安,沈菲.媒介环境与组织控制:调查记者的媒介角色认知及影响因素(下)[J].现代传播,2012(10):35-40;陶建杰,张志安.网络新闻从业者的媒介角色认知及影响因素——上海地区调查报告之三[J].新闻记者,2014(2):63-68;李思思.从参与性媒介到媒介性参与:中国职业记者的微博实践与角色认知[J].新闻界,2017(5):2-8;ABDENOUR J,RIFFE D.The investigative DNA:role conceptions of local television investigative journalists[J].Electronic news,2016,10(4):224-242.

[2]　JOHNSTONE J W C,SLAWSKIE J,BOWMAN W W.The professional values of American newsmen[J].Public opinion quarterly,1972,36(4):522-540;HANITZSCH T.Journalists in Indonesia:educated but timid watchdogs[J].Journalism studies,2005,6(4):493-508.

[3]　HANITZSCH T.Mapping journalism culture:a theoretical taxonomy and case studies from Indonesia[J].Asian journal of communication,2006,16(2):169-186;ABDENOUR J,RIFFE D.The investigative DNA:role conceptions of local television investigative journalists[J].Electronic news,2016,10(4):224-242.

[4]　苏林森.宣传者、营利者和传播者:中国新闻工作者的角色认知[J].国际新闻界,2012(8):33-38,102;陶建杰,张志安.网络新闻从业者的媒介角色认知及影响因素——上海地区调查报告之三[J].新闻记者,2014(2):63-68;丁方舟,韦路.社会化媒体时代中国新闻从业者的认知转变与职业转型[J].国际新闻界,2015(10):92-106;ABDENOUR J,RIFFE D. The investigative DNA:role conceptions of local television investigative journalists[J].Electronic news,2016,10(4):224-242.

[5]　JOHNSTONE J W C,SLAWSKI E J,BOWMAN W W.The professional values of American newsmen[J].Public opinion quarterly,1972,36(4):522-540.

观因素①。其结论支持一般价值观与职业角色认知之间的关联,如"独立""心胸开阔""公平""勇敢""有想象力"这五种价值观与对立者角色认知的相关性,但相关系数整体偏低。作者认为,这是因为价值观较受家庭、宗教和文化的影响,而角色认知较受新闻编辑室环境的影响。这也意味着,在主观因素方面,相较于一般观念,研究者应多关注与新闻工作有关的观念对记者职业角色认知的影响。

实际上,工作观念与职业角色认同的关系的确更受学界关注。遗憾的是,与客观因素的研究一样,迄今为止,有关工作观念的影响的研究尚无一致结论。例如,有研究显示,越认可媒体对公共事务的重要影响的记者越重视传播者角色,越相信受众期待突发新闻的记者越不重视解释者角色②。另一项研究发现,对媒体影响的认可与记者对"舆论监督"职能的认知之间存在正相关关系,对工作自主性评价越高的受访者也越重视"舆论监督"职能③。同在上海地区进行的调查,当对象变成网络新闻工作者时,上述趋势不复存在,对工作自主性的评价不影响受访者的职业角色认知④。在另一项研究中,工作自主性与对立者角色认知之间存在正相关关系⑤。

## 二、组织因素对职业角色认知的影响

不一致的研究发现,使学界认识到个体因素在预测记者职业角色认知方面的局限性。组织因素逐渐被纳入考察,其相对于个体因素的优势,在若干研

① PLAISANCE P L,SKEWES E A.Personal and professional dimensions of news work:exploring the link between journalists' values and roles[J].Journalism & mass communication quarterly,2003,80(4):833-848.

② WU W,WEAVER D,JOHNSON O V.Professional roles of Russian and U.S.journalists:a comparative study[J].Journalism & mass communication quarterly,1996,73(3):534-548.

③ 陆晔.新闻从业者的媒介角色认知:兼论舆论监督的记者主体作用[J].中国青年政治学院学报,2003,22(2):86-91.

④ 陶建杰,张志安.网络新闻从业者的媒介角色认知及影响因素:上海地区调查报告之三[J].新闻记者,2014(2):63-68.

⑤ HANITZSCH T. Populist disseminators, detached watchdogs, critical change agents and opportunist facilitators:professional milieus,the journalistic field and autonomy in 18 countries[J].International communication gazette,2011,73(6):477-494.

究中被证实①。研究者反复检验各类组织因素对记者职业角色认知的影响,其中,媒体规模、媒体所有权和媒体性质三个因素得到最多关注。

**1.媒体规模**

早就有研究者探讨媒体规模对记者职业角色认知的影响。1972 年的调查研究发现,媒体规模能有效预测记者对中立者和参与者角色的认知②。1995 年的一项研究表明,报纸规模越大,记者越重视解释者和对立者角色③。伯科威茨的调查从侧面印证了上述趋势,他发现,小规模报纸的记者相对不可能开展调查报道④。迄今为止,多数研究支持媒体规模与解释者、对立者角色认知之间的正相关关系,但阿普杜努尔和里费的调查研究显示,媒体规模不影响记者的职业角色认知⑤。

**2.媒体所有权**

很多研究聚焦媒体所有权的影响,比较商业媒体和公共媒体记者的职业角色认知。基于跨国调查,哈尼奇指出,诸多影响因素中,媒体所有权最能解释记者职业角色认知的差异——公共媒体的记者最重视对立者角色,商业媒体的记者对各类角色的重视程度比较平均⑥。

不过,斯科夫贾德和达伦的调查显示,相较而言,商业广播电视的政治记者更重视为公众提供发声平台,而公共广播电视的政治记者更重视向公众传

① HANITZSCH T.Journalists in Indonesia:educated but timid watchdogs[J].Journalism studies,2005,6(4):493-508;张志安,沈菲.媒介环境与组织控制:调查记者的媒介角色认知及影响因素(下)[J].现代传播,2012(10):35-40.

② JOHNSTONE J W C,SLAWSKI E J,BOWMAN W W.The professional values of American newsmen[J].Public opinion quarterly,1972,36(4):522-540.

③ AKHAVAN-MAJID R,BOUDREAU T.Chain ownership,organizational size,and editorial role perceptions[J].Mass communication faculty publications,1995,72(4):863-873.

④ BERKOWITZ D.Professional views,community news:investigative reporting in small US dailies[J].Journalism,2007,8(5):551-558.

⑤ ABDENOUR J,RIFFE D.The investigative DNA:role conceptions of local television investigative journalists[J].Electronic news,2016,10(4):224-242.

⑥ HANITZSCH T. Populist disseminators, detached watchdogs, critical change agents and opportunist facilitators:professional milieus,the journalistic field and autonomy in 18 countries[J].International communication gazette,2011,73(6):477-494.

达信息、提供解释①。另一项研究也显示,公共电视台的记者比商业电视台的记者更注重传播者角色②。此外,有调查指出,与其他类型的记者相比,小报记者较不看重"传播"和"动员"角色,较看重"娱乐"角色③;新闻从业者对市场化的态度越积极,就越重视"娱乐与营利"功能④。这些研究表明,媒体机构的私营属性与记者对受众导向的职业角色,如动员者、娱乐者的重视程度之间可能存在关联。

### 3.媒体性质

在以中国为代表的许多发展中国家,新闻媒体属于国家所有。区分媒体类型的指标不是所有权,而是媒体的性质。以中国记者为调查对象的研究,经常比较党委机关报与都市报记者的职业角色认知。其结论支持媒体性质对记者职业角色认知的影响,但在具体的作用机制上缺乏一致意见。有研究指出,相较于都市类报刊,党政类报刊的新闻从业者更重视"宣传与动员"功能,更不重视"监督与影响"功能⑤。而另一项调查研究显示,都市报从业者比党报记者更看重"提供信息"和"服务和娱乐"功能,二者在"监督与影响""宣传与动员"角色认知上没有显著差异⑥。

### 4.其他组织因素

除上述三种因素外,国内外学界还对其他类型的组织因素展开探讨。研

---

① SKOVSGAARD M,DALEN A V.The fading public voice:the polarizing effect of commercialization on political and other beats and its democratic consequences[J].Journalism studies,2013,14(3):371-386.

② ABDENOUR J,RIFFE D.The investigative DNA:role conceptions of local television investigative journalists[J].Electronic news,2016,10(4):224-242.

③ SKOVSGAARD M.A tabloid mind? Professional values and organizational pressures as explanations of tabloid journalism[J].Media,culture & society,2014,36(2):200-218.

④ 陶建杰,张志安.网络新闻从业者的媒介角色认知及影响因素——上海地区调查报告之三[J].新闻记者,2014(2):63-68.

⑤ 李思思.从参与性媒介到媒介性参与:中国职业记者的微博实践与角色认知[J].新闻界,2017(5):2-8.

⑥ 张志安,吴涛."宣传者"与"监督者"的双重式微——中国新闻从业者媒介角色认知、变迁及影响因素[J].国际新闻界,2014(6):61-75.

究表明,组织目标①、口线②、报道议题③均对记者的职业角色认知有不同程度的影响。此类研究的数量有限,其结论的可信性仍有待检验。

## 三、行业因素对职业角色认知的影响

作为与媒体组织密切相关的因素,媒介类型对记者职业角色认知的影响也得到国内外学界的关注。部分研究致力于比较报业内不同媒介的新闻从业者的职业角色认知。例如,卡西迪指出,报纸记者比电子报记者更重视传播者和解释者角色,二者在对立者、动员者角色认知上无差异④。张志安、吴涛的调查也证实报纸从业者比报业网站从业者更看重"提供信息"这一功能,不过,二者在"监督与影响""宣传与动员""服务和娱乐"角色上没有显著差异⑤。

另有部分研究将多种类型的媒介纳入比较的视野。例如,哈尼奇在比较报纸、通讯社、电视以及网络媒体记者的职业角色认知后发现,较之报纸和通讯社记者,电视记者更注重娱乐和实时提供信息,网络媒体记者却并不像人们通常所认为的那么重视对立者角色⑥。在对报纸、杂志、电视台、电台和新闻网站从业人员的职业角色认知的比较中,苏林森发现,不同媒介的新闻从业者对宣传角色的认知无显著差异,但对营利者和传播者角色的认知差异显

---

① ABDENOUR J,RIFFE D.The investigative DNA:role conceptions of local television investigative journalists[J].Electronic news,2016,10(4):224-242.

② SKOVSGAARD M,DALEN A V.The fading public voice:the polarizing effect of commercialization on political and other beats and its democratic consequences[J].Journalism studies,2013,14(3):371-386.

③ KLEMM C,DAS E,HARTMANN T.Changed priorities ahead:journalists' shifting role perceptions when covering public health crises[J].Journalism,2017,20(9):1223-1241.

④ CASSIDY W P.Variations on a theme:the professional role conceptions of print and online newspaper journalists[J].Journalism & mass communication quarterly,2005,82(2):264-280.

⑤ 张志安,吴涛."宣传者"与"监督者"的双重式微——中国新闻从业者媒介角色认知、变迁及影响因素[J].国际新闻界,2014(6):61-75.

⑥ HANITZSCH T.Mapping journalism culture:a theoretical taxonomy and case studies from Indonesia[J].Asian journal of communication,2006,16(2):169-186.

著——电视台从业者最看重"营利",电台从业者最看重"传播"①。

## 四、系统因素对职业角色认知的影响

在考察影响记者职业角色认知的系统因素方面,相关研究大致经历了两个发展阶段。前期主要在欧美国家间展开,致力于比较相似新闻体制下记者的职业角色认知。近年来,国内外学界或拓展比较范围,将亚非拉发展中国家纳入研究视野,考察不同政治、法律和意识形态体系对记者职业角色认知的影响,或丰富比较层次,考察同一国家不同地域的记者在职业角色认知方面的多样性。

1986 年,在比较英国和德国记者的职业角色认知时,科奇发现,英国记者相对更认可教化、娱乐的职能,更愿意做一个"传道者",而德国记者更认可为底层发声、反映社会不公的职能,更愿意做一个"扒粪者"②。另外两项以欧美国家记者为对象的比较研究也发现,虽然整体趋势类似——记者们最认可传播和解释角色——但不同国家的记者对同一职业角色的重视程度不一样③。

2011 年,在全球 18 个国家和地区展开的一项调查研究发现,不同国家的记者在职业角色认知方面具有显著差异④。相对来说,西方国家的记者更注重中立者的角色,发展中国家的记者更注重干预式的角色;所有国家的记者都看重监督政府的职能,但在应该监督商界精英上存在显著差异;各国记者都比较认可提供政治信息这一职能,但在新闻媒体应该服务于"消费者"还是"公

---

① 苏林森.宣传者、营利者和传播者:中国新闻工作者的角色认知[J].国际新闻界,2012(8):33-38,102.

② KÖCHER R.Bloodhounds or missionaries:role definitions of German and British journalists[J].European journal of communication,1986,1(1):43-64.

③ HENNINGHAM J.Australian Journalists[M]//WEAVER D H.The global journalists:news people around the world.Cresskill:Hampton Press,1998:91-108;DEUZE M. National news cultures:a comparison of Dutch,German,British,Australian,and U.S. journalist[J].Journalism & mass communication quarterly,2002,79(1):134-149.

④ HANITZSCH T. Populist disseminators, detached watchdogs, critical change agents and opportunist facilitators:professional milieus,the journalistic field and autonomy in 18 countries[J].International communication gazette,2011,73(6):477-494.

民"的问题上存在显著差异①。维尔纳特等人的跨国调查也显示,不同国家和地区的记者对"传播""解释"或"对立"角色的重视程度均存在较大差别②。

另外,也有部分研究比较不同地域的记者的职业角色认知。例如,哈尼奇的调查研究发现,居住地在雅加达的记者比居住在其他周边省份的记者更重视"对立"角色③。张志安等人指出,相较于个人背景和媒体类型,地域更能预测记者的职业角色认知,这一效力体现在记者对"鼓吹民意""解释政府政策""批评与质疑"和"满足受众和宣传引导"角色的认知上④。

## 五、小结

单独来看,个体层面的因素,无论是人口统计学变量还是工作观念,对记者职业角色认知的预测力都很低。将两个或多个层次的因素同时纳入考察范畴后,个体因素对记者职业角色认知的影响不显著⑤。时至今日,国内外学界已基本形成共识,在职业角色认知方面,个体因素仅具有微弱影响。

既有研究支持媒体所有权、媒体性质对职业角色认知的影响。不过,这二者在预测特定类型的职业角色认知方面效力究竟如何,目前尚无一致结论。持续检验媒体所有权、媒体性质与不同类型职业角色认知的关系之余,应考察

---

① HANITZSCH T,HANUSCH F,MELLADO C,et al.Mapping journalism cultures across nations:a comparative study of 18 countries[J].Journalism studies,2011,12(3):273-293.

② WILLNAT L,WEAVER D H,CHOI J.The global journalist in the twenty-first century:a cross-national study of jowrnalistic competencies[J].Journalism practice,2013,7(2):163-183.

③ HANITZSCH T. Mapping journalism culture:a theoretical taxonomy and case studies from Indonesia[J].Asian journal of communication,2006,16(2):169-186.

④ 张志安,沈菲.媒介环境与组织控制:调查记者的媒介角色认知及影响因素(下)[J].现代传播,2012(10):35-40.

⑤ 张志安,沈菲.媒介环境与组织控制:调查记者的媒介角色认知及影响因素(下)[J].现代传播,2012(10):35-40;HANITZSCH T.Mapping journalism culture:a theoretical taxonomy and case studies from Indonesia[J].Asian journal of communication,2006,16(2):169-186;HANITZSCH T.Populist disseminators,detached watchdogs,critical change agents and opportunist facilitators:professional milieus,the journalistic field and autonomy in 18 countries[J].International communication gazette,2011,73(6):477-494.

更多因素，以解决当前组织因素预测力整体偏低①的问题。

媒介类型对职业角色认知的影响同样获得既有研究的支持。值得注意的是，若干研究表明，网络新媒介对新闻领域的赋权潜能似乎被高估。如何看待技术因素对新闻工作尤其是记者职业角色认知的影响，是未来研究有待深入探讨的议题。

系统层面的因素，无论是国家还是地域差异，在预测记者职业角色认知方面均显示出强大效力。未来研究的重心，在于解释该效力——不同国家的记者在职业角色认知上的差异，究竟应该归因于各国的政治、经济、文化还是意识形态。相对而言，以地域为基础的比较研究较好地控制了文化差异等宏观因素的影响，但相关研究的数量有限。有必要持续推进这一类研究，以便更好地解释职业角色认知的系统多样性。

# 第三节　影响记者职业角色行为的因素

新闻工作影响层级理论表明，新闻决策过程受诸多因素制约，记者并不能完全按照个人想法筛选、采集和报道新闻。职业角色认知和行为研究的兴起，为进一步洞察新闻观念与实践的关系提供了契机。过去十余年，多项研究显示，记者的角色认知与行为间存在较大差异。这一发现成为推动新闻学界深入探索记者职业角色行为的影响因素。

个体因素在预测记者职业角色认知方面的效力有限，聚焦职业角色行为影响因素的研究因此甚少关注此类因素。仅有个别研究考察人口统计学变量的影响，最终发现性别和工作年限均无法预测记者的职业角色行为②。

职业角色行为研究多采用内容分析的方法，比如比较不同类型的符号系统方面，如平面、视听和超文本形态的新闻，或不同语种的报道，在具体操作方

---

① 陶建杰,张志安.网络新闻从业者的媒介角色认知及影响因素——上海地区调查报告之三[J].新闻记者,2014(2):63-68; ABDENOUR J,RIFFE D.The investigative DNA: role conceptions of local television investigative journalists[J]. Electronic news,2016,10(4):224-242.

② TANDOC E C Jr,HELLMUELLER L,VOS T P.Mind the gap:between journalistic role conception and role enactment[J].Journalism practice,2013,7(5):539-554.

面难度较大。因此,迄今为止,仅有少量研究考察媒介类型、国家对记者职业角色行为的影响。其结论显示,记者的职业角色行为因媒介类型而不同[1],国家同样是预测记者职业角色行为差异的有力因素[2]。

# 一、媒体类型对职业角色行为的影响

相比较而言,组织因素吸引了绝大多数研究者的注意力。其中,媒体类型对记者职业角色行为的影响最受学界关注。

## 1.媒体定位

所谓媒体定位,即新闻机构将自身定位为严肃媒体抑或大众媒体。梅拉多和拉各斯 2014 年的研究显示,严肃报纸的记者扮演传播角色的程度显著高于大众报纸的记者,后者更经常履行信息娱乐和服务职能,二者在"看门狗""忠诚—促进"和"公民导向"角色上无差异[3]。2017 年,梅拉多和达伦进一步考察媒体定位对"受众观"角度下的三类角色的影响,再次印证了前述结论,即大众报纸比严肃报纸更常扮演"信息娱乐"和"服务"角色,二者在履行"公民导向"职能方面无显著差异[4]。不过,翌年,哈林和梅拉多对"看门狗""信息娱乐"和"公民导向"角色影响因素的研究发现,大众媒体记者承担信息娱乐职能的程度显

---

① HALLIN D C,MELLADO C.Serving consumers,citizens,or elites:democratic roles of journalism in Chilean newspapers and television news[J].The international journal of press/politics,2018,23(1):24-43.

② TANDOC E C Jr,HELLMUELLER L,VOS T P.Mind the gap:between journalistic role conception and role enactment[J].Journalism practice,2013,7(5):539-554;MELLADO C,HELLMUELLER L,MARQUEZ-RAMIREZ M,et al.The hybridization of journalistic cultures:a comparative study of journalistic role performance[J].Journal of communication,2017,67(6):944-967;MELLADO C,MARQUEZ-RAMIREZ M,MICK J,et al. Journalistic performance in Latin America:a comparative study of professional roles in news content[J].Journalism,2017,18(9):1087-1106.

③ MELLADO C,LAGOS C.Professional roles in news content:analyzing journalistic performance in the Chilean national press[J].International journal of communication,2014 (8):2090-2112.

④ MELLADO C,DALEN A V.Challenging the citizen-consumer journalistic dichotomy:a news content analysis of audience approaches in Chile[J].Journalism & mass communication quarterly,2017,94(1):213-237.

著高于严肃媒体的记者,后者较前者更常扮演"看门狗"和"公民导向"角色①。

**2.市场倾向**

少量研究检验了与媒体定位密切相关的另一因素——市场倾向的预测效力。卡彭特等人对 10 家新闻网站展开内容分析后发现,相较于非营利性媒体,营利性媒体的记者更多扮演传播者和动员者,更少扮演解释者,是否营利不影响记者承担对立者角色的程度②。这一发现印证先前研究的结论,即市场倾向于影响媒体报道的形态③,非营利性媒体比营利性媒体更经常致力于公共新闻生产④。

**3.政治倾向**

也有个别研究考察政治倾向对记者职业角色行为的预测效力。2017 年,梅拉多等人研究拉美国家新闻媒体后指出,政治取向是预测"忠诚—促进""公民导向"和"服务"角色最重要的因素,相对于左翼媒体,右翼和中间派媒体更愿意扮演传播者,更不愿意扮演"看门狗""忠诚—促进""公民导向""服务"和"信息娱乐"角色⑤。

## 二、新闻编辑室常规对职业角色行为的影响

作为组织文化的重要组成部分,新闻编辑室的惯例对记者职业角色行为

---

① HALLIN D C, MELLADO C. Serving consumers, citizens, or elites: democratic roles of journalism in Chilean newspapers and television news[J]. The international journal of press/politics,2018,23(1):24-43.

② CARPENTER S,BOEHMER J,FICO F.The measurement of journalistic role enactments:a study of organizational constraints and support in for-profit and nonprofit journalism[J].Journalism & mass communication quarterly,2016,93(3):587-608.

③ STROMBACK J,AELST P V.Exploring some antecedents of the media's framing of election news:a comparison of Swedish and Belgian election news[J].The international journal of press/politics,2010,15(1):41-59.

④ BEAM R A.Content differences between daily newspapers with strong and weak market orientations[J].Journalism & mass communication quarterly,2003,80(2):368-390; KONIECZNA M,ROBINSON S.Emerging news non-profits:a case study for rebuilding community trust[J].Journalism,2014,15(8):968-986.

⑤ MELLADO C,MARQUEZ-RAMIREZ M,MICK J,et al.Journalistic performance in Latin America:a comparative study of professional roles in news content[J].Journalism,2017,18(9):1087-1106.

的影响亦颇受关注。其中,大部分研究聚焦新闻口线的预测效力。例如,梅拉多及其同事两次考察并印证了口线对记者职业角色行为的影响。其中一项研究发现,"传播""看门狗"角色最常出现在司法类新闻中,"忠诚—促进"角色最常出现在经济类新闻中,"服务"和"公民导向"角色最常出现在社会新闻中,"信息娱乐"角色最常出现在全国新闻中[①]。另一项研究则发现,"忠诚—促进"角色最常出现在经济类新闻中,"服务"和"公民导向"角色最常出现在社会新闻中,而"传播""看门狗"和"信息娱乐"角色最常出现在司法类新闻中[②]。

除口线外,新闻编辑室惯例的其他方面,如新闻生产环节和资源也在个别研究中得到探讨。埃里克森和奥斯特曼在分析发布会记者提问和时政新闻报道后发现,与后者相比,记者在发布会提问环节更少扮演"看门狗"[③]。卡彭特等人的研究显示,记者个人发稿量(组织资源的表现)越多,越常扮演传播者角色,越少扮演解释者和对立者角色,发稿量与记者承担动员者角色的程度无相关关系[④]。

## 三、小结

迄今为止,聚焦记者角色行为影响因素的研究数量较少,从中提炼理论还为时尚早。其中多数研究聚焦拉丁美洲和欧美国家的新闻媒体,包括中国在内的世界其他国家的新闻媒体才刚刚纳入此类研究的分析范畴。未来有必要在后面这些地区进一步开展相关研究,包括以单个国家和地域为对象的案例研究和跨国、跨地域的比较研究,以便进一步确认国家和地域对记者职业角色

---

① MELLADO C,LAGOS C.Professional roles in news content:analyzing journalistic performance in the Chilean national press[J].International journal of communication,2014(8):2090-2112.

② MELLADO C,MARQUEZ-RAMIREZ M,MICK J,et al. Journalistic performance in Latin America:a comparative study of professional roles in news content[J].Journalism,2017,18(9):1087-1106.

③ ERRIKSSON G,ÖSTMAN J.Cooperative or adversarial? Journalists' enactment of the watchdog function in political news production[J].The international journal of press/politics,2013,18(3):304-324.

④ CARPENTER S,BOEHMER J,FICO F.The measurement of journalistic role enactments:a study of organizational constraints and support in for-profit and nonprofit journalism[J].Journalism & mass communication quarterly,2016,93(3):587-608.

行为的影响。

　　既有研究初步显示了组织和行业因素在预测记者职业角色行为方面的效力。这一趋势与新闻工作影响层级理论的观点基本一致,再次从侧面印证了将职业角色视为新闻文化基本构成部分和规定性维度[①]的合理性。未来研究应持续检验媒体类型、新闻编辑室常规和媒介类型对记者职业角色行为的预测效力。同时,有必要引入更多具有地域特点的变量,如媒体性质,进一步发掘影响记者职业角色行为的因素。

---

　　① 　HANITZSCH T.Deconstructing journalism culture:toward a universal theory[J].
Communication theory,2007,17(4):367-385.

# 第三章 规范和叙事视角下
# 记者的职业角色

2017 年,哈尼奇和沃斯在《记者角色与制度身份的挣扎——新闻的话语构成》一文中指出,记者角色是记者、新闻发布平台和媒体机构共同参与的话语实践的产物,是制度性(而非专业性)角色,可分为四种类型:规范性角色——记者应该如何思考和行动的价值、态度和信念,承载社会对记者的角色期望;认知性角色——记者想要承担的角色,一种为他们的新闻工作提供具体指导的个人愿景;实践性角色——记者在新闻工作中实际承担的角色;叙事性角色——记者宣称他们在新闻工作中承担的角色①。

这四类角色会经由五种机制联结在一起,构成"记者角色过程模型":记者将可行的规范性角色内化,形成认知性角色;在环境允许的前提下,记者将认知性角色付诸行动,产生实践性角色;记者展开对实践性角色的反思,形成叙事性角色;经由反复的话语实践,叙事性角色得以常规化,促成规范性角色的强化或修正;叙事性角色与认知性角色存在抵牾,记者尝试协调,或在不同程度上调整认知框架以消除其间的差异,或拒绝改变,离开新闻界②。本书的第一章、第二章回顾了记者认知性角色和实践性角色方面的理论及研究,本章将聚焦上述模型中的另外两个关键概念——规范性角色和叙事性角色,详细梳理既有理论和研究。

---

① HANITZSCH T, VOS T P. Journalistic roles and the struggle over institutional identity: the discursive constitution of journalism[J]. Communication theory, 2017, 27(2): 115-135.

② HANITZSCH T, VOS T P. Journalistic roles and the struggle over institutional identity: the discursive constitution of journalism[J]. Communication theory, 2017, 27(2): 115-135.

# 第一节　话语制度主义与记者的职业角色

　　记者角色过程模型的提出受话语制度主义研究范式的启发。该范式由施密特于 2008 年提出[1]，是新制度主义在当代的重要分支。在详细介绍该范式之前，先回顾新制度主义的核心主张及其与新闻学研究的"联姻"过程。

## 一、新制度主义的核心主张

　　20 世纪 70 年代以来，社会学、政治学和经济学领域发生新制度主义的转向。1977 年，迈耶和罗恩发表《制度化的组织：作为神话和仪式的非正式结构》一文，强调制度趋同性对组织的影响，开创了组织社会学的新制度主义学派[2]。1984 年，马奇和奥尔森发表《新制度主义：政治生活中的组织因素》一文，将新制度主义作为政治学理论提出，强调制度与其政治环境之间的互动，注重以动态的眼光揭示制度在政治生活中的作用及其运作过程，这开启了政治科学的范式革命[3]。1998，科斯等人开始倡导新制度主义经济学，强调将经济活动与现实制度条件联结，深入考察政治、法律、文化等制度结构对经济发展的影响[4]。

　　当前，新制度主义思想的影响已经从社会学、经济学、政治学拓展到其他更广泛的学科领域，成为跨学科研究范式。库恩曾指出，如果一个"科学共同体"的成就能"吸引一批坚定的支持者，使他们脱离科学活动的其他竞争模

---

　　①　SCHMIDT V A.Discursive institutionalism：the explanatory power of ideas and discourse[J].Annual review of political science,2008,11：303-326.

　　②　MEYER J W,ROWAN B.Institutionalized organizations：formal structure as myth and ceremony[J].American journal of sociology,1977,83(2)：340-363.

　　③　MARCH J G,OLSEN J P.The new institutionalism：organizational factors in political life[J].The american political science review,1984,78(3)：734-749.

　　④　邹薇.经济发展理论中新制度主义思路的兴起与发展[J].经济评论,1998(4)：42-49.

式……又足以无限制地为重新组成的一批实践者留下有待解决的种种问题"①,该共同体倡导的研究问题和方法就可以称为"范式"。作为一种研究范式,新制度主义的拥护者在以下方面已达成共识:第一,制度是社会的结构化因素,可能是正式规则和法律,也可能是规范、习俗或认知文化意义上的非正式因素;第二,制度具有稳定性,一旦形成就不会轻易因情境或目的的更改而变化;第三,制度约束个体行为,个体之间互动的结果也可能导致制度变迁②。

## 二、作为政治制度的新闻媒体

20 世纪 90 年代末,随着库克的《治理新闻:作为政治制度的新闻媒体》③和斯帕罗的《不稳定的守望者:作为政治制度的新闻媒体》④两本著作的出版,新制度主义开始了与新闻学研究的"联姻",为新闻学研究提供理解新闻生产过程的理论框架,以解释不同国家、地区、平台的新闻在内容和形式方面的相似性。此前,社会科学研究者就曾将新闻媒体视为制度,尝试从三种进路考察新闻生产过程:政治经济学视角,将新闻视为政治经济结构和新闻机构的经济基础的产物;社会学视角,强调组织和职业需求对记者的新闻工作的影响;传播学视角,关注宽泛的文化传统和符号体系嵌入新闻生产的机制。舒德森指出,这三种进路中的任何一种都不足以全面揭示新闻生产的过程,将新闻媒体视为政治制度意味着研究者要全面考察政治、经济、社会、文化制度与新闻媒体之间的互动⑤。

在《制度化媒体的研究议程》一文中,斯帕罗明确说明了将媒体视为政治制度的原因,包括:(1)新闻媒体是当今社会重要的政治行动者,与其他政治行动者(如政党、政府)互动频繁;(2)新闻活动受制于一系列共通的规范和非正

---

① 库恩.科学革命的结构[M].金吾伦,胡新和,译.北京:北京大学出版社,2003:9.

② 河连燮.制度分析:理论与争议[M].李秀峰,柴宝勇,译.北京:中国人民大学出版社,2014:160.

③ COOK T E.Governing with the news:the news media as a political institution[M]. Chicago:University of Chicago Press,1998.

④ SPARROW B H.Uncertain guardians:the news media as a political institution [M].London:Johns Hopkins University Press,1999.

⑤ SCHUDSON M.The news media as political institutions[J].Annual review of political science,2002(5):249-269.

式规则；(3)为了营利、维系社会公信力和及时获取与发布信息，新闻媒体会反复向公众灌输独特的政治文化，如关注受众需求、报道中立无偏倚①。哈尼奇和沃斯指出，库克、斯帕罗等人开启的新制度主义新闻学研究存在若干局限性：首先，新闻媒体并不必然是政治制度，毕竟政治报道只是新闻口线之一，更多记者负责报道文化、体育、娱乐等类型的新闻题材；其次，过于强调媒体内容的一致性而忽略媒体经济结构、新闻工作惯例和记者角色的差异和多样性；最后，媒体制度被视为既成事实，其最初如何成为制度在很大程度上仍不可知②。

## 三、作为话语制度的新闻业认同

　　基于上述三方面论断，哈尼奇和沃斯进一步提出，新闻业由话语形塑，其本质是一种"制度"③。这一观点呼应了施密特的话语制度主义理论。作为新制度主义的新近分支，话语制度主义理论具有四方面的共性：认真地对待观念和话语；将观念和话语置于制度场景中；将话语视为遵循沟通逻辑的活动，将观念置于意义场景之中；以更加动态的眼光研究政策变化或制度变化④。这在很大程度上区别于以理性选择制度主义、历史制度主义和社会学制度主义为代表的传统的新制度主义理论流派⑤。

　　此前，为了修正政治学研究过于强调行动者主观能动性的问题，传统的新制度主义流派尤其关注制度作为既有、固定、强有力的外部力量对于行动者的

---

①　SPARROW B H.A research agenda for an institutional media[J].Political communication,2006,23(2):145-157.

②　HANITZSCH T,VOS T P.Journalistic roles and the struggle over institutional identity:the discursive constitution of journalism[J].Communication theory,2017,27(2):115-135.

③　HANITZSCH T,VOS T P.Journalistic roles and the struggle over institutional identity:the discursive constitution of journalism[J].Communication theory,2017,27(2):115-135.

④　SCHMIDT V A.Discursive institutionalism:the explanatory power of ideas of discourse[J].Annual review of political science,2008,11:303-326.

⑤　HALL P A,TAYLOR R C R.Political science and the three new institutionalisms[J].Political studies,1996,44(5):936-957.

限制,这极大削弱了其理论在制度变迁方面的解释力①。话语制度主义理论尝试修正这一重"结构"轻"能动性"的倾向,强调制度内在于行动者,在约束行动者的观念、言语和行动的同时也被行动者的观念、言语和行动所创造和改变。在施密特看来,行动者具有"背景观念能力",可以根据环境规则赋予给定的场景以意义,从而创设和维持制度;同时也具有"前置话语能力",虽置身其中但仍能跳出制度去思考、表达和行动,在使用制度规则的同时能对其进行审思,说服他人改变或维系制度②。通过强调沟通逻辑和行动者的前置话语能力,话语制度主义理论将"能动性"重新引入制度分析的视野,克服了此前传统的新制度主义理论的缺陷。

话语制度主义理论对新闻学研究的最大启发在于关注话语实践(互动内容和语境)在新闻业认同的形成、维系和变迁中的关键作用。简言之,作为话语制度,新闻业认同既是给定的,也是生成的——一方面,它约束记者和新闻媒体的实践,为其提供好记者、好新闻的观念标准;另一方面,它也在记者与其他社会行动者(如编辑、媒体主管、政客、普通公众)的互动中被创设、维持与重构。记者角色是新闻业认同的具象化。在制度分析的视角下,新闻学研究者不仅要考察记者角色作为观念标准如何作用于新闻生产过程("内化"和"践行"),还要关注记者角色是否以及怎样在新闻生产过程中被征用、挑战和重构("反思""常规化""协调")③。

相对于前一方面,新闻业认同和记者角色的制度化变迁在新闻学领域得到的关注还远远不够,未来研究理应给予重视。值得注意的是,记者和新闻机构拥有形塑公共讨论的能力,但这种能力并不均等,一些记者和新闻机构拥有更强大的前置话语能力。因此,新闻业认同和角色是包括记者在内的社会行动者之间持续不断的话语竞争的产物。在考察记者角色的制度化变迁的过程中,有必要关注话语权威的竞争机制,如记者之间或记者与编辑、管理层、受众之间的话语竞争。

---

① 马雪松.新制度主义政治学的流派演进与发展反思[J].理论探索,2017(3):90-95.

② SCHMIDT V A.Taking ideas and discourse seriously:explaining change through discursive institutionalism as the fourth "new institutionalism"[J]. European political science review,2010,2(1):1-25.

③ HANITZSCH T,VOS T P.Journalistic roles and the struggle over institutional identity:the discursive constitution of journalism[J].Communication theory,2017,27(2):115-135.

# 第二节　规范视角下记者的职业角色

作为新闻业话语制度的一部分，职业角色规范界定"什么是好记者"，从而为记者的日常工作提供"话语脚本"①。在制度分析的视角下，经由记者及其他社会行动者持续互动得以确立的话语脚本会随着职业经验的累积、互动场景的转移以及外部环境的变迁而不断更新。因此，有关记者的规范性角色的研究通常从两方面展开：描述和比较正式的伦理准则规定的记者角色，或从关键的社会行动者——受众的角度描摹非正式的伦理话语期待的记者角色。

## 一、伦理准则中的记者角色

在新闻学领域，伦理准则指新闻机构用于指导新闻从业者"应该做什么"以及"不应该做什么"的一系列职业规范和价值②。新闻伦理准则通常由国家、地区的新闻媒体监管机构或行业协会制定，其核心目标是规定记者和新闻媒体的行为标准，提供必要的语境帮助目标对象理解这些标准。考察伦理准则有助于研究者从组织和系统层面理解记者角色，比较不同社会、媒体和新闻组织在职业角色方面的异同。

新闻伦理准则研究始于20世纪七八十年代联合国教科文组织发起的一系列调查③。作为了解全球新闻文化的重要途径，该研究于20世纪90年代正式进入新闻学界视野。1995年，莱蒂拉对欧洲30个国家的新闻伦理准则进行比较并指出，"对公众负责""对信源负责"以及"使记者的职业诚信免受外

①　HANITZSCH T，VOS T P.Journalistic roles and the struggle over institutional identity：the discursive constitution of journalism[J].Communication theory，2017，27（2）：115-135.

②　LIMOR Y，HIMELBOIM I.Journalism and moonlighting：an international comparison of 242 codes of ethics[J].Journal of mass media ethics，2006，21（4）：265-285.

③　HIMELBOIM I，LIMOR Y.Media institutions，news organizations，and the journalistic social role worldwide：a cross-national and cross-organizational study of codes of ethics[J].Mass communication and society，2011，14（1）：71-92.

部干预"是欧洲国家最常见的伦理准则,在这些准则涵盖的 61 项具体原则中,仅有 24 项原则(如"新闻的真实性""公平的信息收集手段""信源的诚信""记者的诚信")出现在半数以上欧洲国家的新闻伦理准则中①。2002 年,哈菲兹进一步比较欧洲、北非、中东以及亚洲伊斯兰国家的新闻伦理法则,发现,在"言论自由"这一伦理主题下,相对于西方国家,多数伊斯兰国家更强调记者在工作中恪守政治、宗教、文化的界限,但东西方国家在真实性、客观性这一伦理主题上基本达成共识②。

早期研究并不直接涉及记者角色,但为之后的相关研究提供了两点启发:一是,基本的伦理准则,如真实性、客观性、诚信,呈现出跨文化的一致性,以美国为代表的西方国家的新闻价值观向广大发展中国家扩散,这构成新闻伦理和记者角色比较研究的基本语境和前提;二是,不同国家的新闻伦理准则存在复杂多样性,地域、语种、宗教信仰等常规的分类方法不足以解释现有的差异,在重新审视对包括伦理准则在内的新闻文化的类型化方法的同时,有必要进一步发掘可能解释现有差异的系统因素。

2011 年,希梅尔博伊姆和利莫首次用分析新闻伦理准则来识别记者角色③。研究者根据"参与"和"对立"的程度将记者角色分为两个维度(如表 3-1),前者聚焦公众,如传播者、解释者、民粹主义动员者,反映媒体机构、组织和个人在宣导对社会多数人具有重要价值的议题和观点方面扮演主动角色的程度;后者聚焦权力阶层,如"看门狗"、对立者、忠诚促进者,反映媒体机构、组织和个人挑战权力阶层的程度。通过将伦理准则中的特定表述与这两个维度的记者角色联结在一起,如"传递信息"指向"参与"维度的记者角色,"揭露腐败与犯罪"则指向"对立"维度的角色,研究揭示了不同媒体机构和组织的共同倾向:聚焦公众时,强调中立、无偏倚的记者角色;聚焦权力阶层时,偏好防御而非对立的记

① LAITILA T.Journalistic codes of ethics in Europe[J].European journal of communication,1995,10(4):527-544.

② HAFEZ K.Journalism ethics revisited:a comparison of ethics codes in Europe,North Africa,the Middle East and Muslim Asia[J].Political communication,2002,19(2):225-250.

③ HIMELBOIM I,LIMOR Y.Media institutions,news organizations,and the journalistic social role worldwide:a cross-national and cross-organizational study of codes of ethics[J].Mass communication and society,2011,14(1):71-92.

者角色，即在支持政府活动的同时防止腐败和权力的滥用①。此外，希梅尔博伊姆和利莫还发现，系统因素，特别是不同国家的言论自由程度以及组织因素，如机构类型，能在一定程度上解释新闻伦理准则折射的记者角色的差异②。

表 3-1　伦理准则中的记者角色

| 维度 | 角色 |
| --- | --- |
| **参与维度（聚焦公众的角色）** | 传递信息 |
| | 服务公众利益 |
| | 满足公众知情权 |
| | 提升媒体内容的多样性 |
| | 提升公众对媒体的信任 |
| | 宣传社会价值 |
| | 积极参与社会建设 |
| | 提供评论、背景和批评 |
| | 提供对公众有价值的信息 |
| | 引导舆论参与社区建设 |
| | 为环保出力 |
| | 提供社会问题的解决方案 |
| **对立（聚焦权力阶层的角色）** | 寻求真相 |
| | 强调自由媒体对于民主社会的价值 |
| | 成为媒体"看门狗" |
| | 保障公共权利 |
| | 揭露腐败与犯罪 |
| | 使信息免受歪曲和操纵 |
| | 对国家忠诚 |

来源：HIMELBOIM I, LIMOR Y. Media institutions, news organizations, and the journalistic social role worldwide: a cross-national and cross-organizational study of codes of ethics[J]. Mass communication and society, 2011, 14(1): 71-92.

整体上，希梅尔博伊姆和利莫的研究再次证实了普世性新闻文化的存在，通过将地域因素具体化以及引入其他因素，进一步解释了新闻伦理准则的差

---

① HIMELBOIM I, LIMOR Y. Media institutions, news organizations, and the journalistic social role worldwide: a cross-national and cross-organizational study of codes of ethics[J]. Mass communication and society, 2011, 14(1): 71-92.

② HIMELBOIM I, LIMOR Y. Media institutions, news organizations, and the journalistic social role worldwide: a cross-national and cross-organizational study of codes of ethics[J]. Mass communication and society, 2011, 14(1): 71-92.

异。更重要的是,该研究为我们提供了操作思路,可以帮助研究者更好地识别新闻伦理准则折射的记者角色。遗憾的是,近几年来,国外学界鲜少有研究者再涉足这一议题。回看国内新闻学界,有关新闻伦理准则的研究受限于传统理论进路,基本局限在伦理批评的范畴内,聚焦媒体或记者的伦理失范行为[1],也有个别研究关注记者的伦理取向与角色认知之间的关系[2],但鲜少有人从角色规范的角度展开分析。未来可以继续推进经由新闻伦理准则剖析规范性记者角色的分析路径,将注意力转向对差异的解释,尝试构建相关理论模型,预测新闻伦理准则中记者角色的变异。

## 二、受众话语中的记者角色

伦理准则提供有关记者角色的正式的规范性表述,但更多时候,记者的定义源于受众话语,此类聚焦新闻实践、非正式的伦理表达在很大程度上形塑记者对媒介角色的理解和评价[3]。从传播者、解释者到动员者、对立者,每一种社会角色背后都隐含有关记者与受众关系的预设。东斯巴赫曾说过,"在民主社会,人们期待新闻媒体反映舆论,充当民众和政府之间的桥梁,而这一期望预先决定了记者看待和对待公众的方式"[4]。一言以蔽之,受众话语中传达的角色期望是记者规范性角色的另一重要来源。

以"受众话语中的记者角色"为主题展开的研究大多采用调查的方法,直

---

① 党生翠.福彩传播中的媒介失范:以"中奖新闻"报道为例[J].现代传播,2015(2):59-63;刘亚娟,展江."车马费"何以变成打发"乞丐"的饭食? 媒体从业者收受"红包"现象再探[J].新闻界,2018(2):10-16;ZHANG S X.What's wrong with Chinese journalists? Addressing journalistic ethics in China through a case study of the Beijing Youth Daily[J].Journal of media ethics,2009,24(2-3):173-188;XU D.Red-envelope cash:journalists on the take in contemporary China[J].Journal of media ethics,2016,31(4):231-244;WANG P,CHO L F,LI R.An institutional explanation of media corruption in China[J].Journal of Contemporary China,2018,27(113):748-762.

② LEE F L F,CUI D,ZHANG Z A.Ethical orientation and judgements of Chinese press journalists in times of change[J].Journal of media ethics,2015,30(3):203-221.

③ HANUSCH F,TANDOR JR E C.Comments,analytics,and social media:the impact of audience feedback on journalists' market orientation[J].Journalism,2019,20(6):695-713.

④ DONSBACH W.Journalists' conceptions of their audience:Comparative indicators for the way British and German journalists define their relations to the public[J].International communication gazette,1983,32(1):19-36.

接考察受众对新闻媒体和记者的角色期望。1983 年,伯贡等人对美国6 112 名成年的报纸读者所做的调查显示,"跟踪重大新闻事件""了解本地社区动态"和"获取重大新闻事件的即时消息"被视为报纸最重要的职能,而"娱乐""获取谈资""帮助形成个人观点"最不受读者重视[①]。借鉴韦弗和威尔霍伊特的分类方法,钟考察了 113 名在线社区报读者对记者角色的认知,发现民粹主义动员者是最受重视的角色,其次是"传播—解释"者角色,对立者角色最不受重视[②];范德沃夫和肖恩巴赫采用同样的操作化方法对 3203 名荷兰媒体受众的角色认知调查却显示,相对于"民粹主义动员"和"娱乐",受访者更重视"解释"和"对立"角色[③]。

此类研究的主要贡献:一方面在于揭示记者角色期望的总体趋势——相对而言,受众比较重视传播者、解释者和民粹主义动员者的角色,不太重视"对立"和"娱乐"的职能;另一方面则在于呈现专业和受众视角的差异,打破新闻机构及其从业者在满足受众需求方面的认知偏差。多项调查研究表明,记者和受众对新闻媒体职能的看法有所不同,前者重视"对立"角色的程度显著高于后者[④]。还有研究显示,受众多从个人需求的角度,而非意识形态、职业角色的角度,谈论他们对新闻媒体和记者的期望[⑤]。认知框架上的差异可能带来实践层面上的偏差,即新闻媒体和记者觉得应该为给受众提供的内容并不

---

① BURGOON J K,BERNSTEIN J M,BURGOON M.Public and journalist perceptions of newspaper functions[J].Newspaper research journal,1983,5(1):77-89.

② CHUNG D S. How readers perceive journalists' functions at online community newspapers[J].Newspaper research journal,2009,30(1):72-80.

③ VAN DER WURFF R,SCHOENBACH K.Civic and citizen demands of news media and journalists:what does the audience expect from good journalism[J].Journalism & mass communication quarterly,2014,91(3):433-451.

④ BURGOON J K,BERNSTEIN J M,BURGOON M.Public and journalist perceptions of newspaper functions[J].Newspaper research journal,1983,5(1):77-89; HEIDER D,MCCOMBS M,POINDEXTER P M.What the public expects of local news:views on public and traditional journalism[J].Journalism & mass communication quarterly,2005,82(4):952-967; WILLNAT L,WEAVER D H,WILHOIT G C.The American journalists in the digital age:how journalists and the public think about journalism in the United States[J].Journalism studies,2019,20(3):423-441.

⑤ ELDRIDGE II S,STEEL J.Normative expectations:employing "communities of practice" models for assessing journalism's normative claims[J].Journalism studies,2016,17(7):817-826.

是后者期待的。在自媒体高度发达、信息源日益多样化的时代,这一认知和实践层面上的偏差可能给业已陷入困境的传统新闻媒体带来更大的压力和挑战。

周俊指出,角色认知是连接角色期望与角色实践的桥梁,满足社会期望的角色实践有赖于记者对自身角色的清晰认知①。近年来,国内学界开始探讨社会对记者角色的最新期待,如希望其蜕变为"知识生产者"②或"知识管理者"③。这些论述敏锐地洞察到新闻业转型对记者角色的影响,但"研究者本位"视角限制了其在新闻实践层面的预测和指导效力。迄今为止,国内受众究竟如何理解和看待记者角色,我们仍知之甚少。未来研究应着重积累有关记者角色期望的实证研究数据,并致力于比较国内受众与记者在角色认知方面的差异,为传统新闻媒体当前的创新性实践提供参考。

# 第三节 叙事视角下记者的职业角色

与规范性角色不同,叙事性角色常出现于记者的新闻话语实践④。这部分的内容因此始于三个与新闻话语实践密切相关的概念,即"范式修复""边界工作"和"阐释社群"。明确这三个概念的启发意义后,本节将从内外、今昔两个维度梳理有关记者叙事性角色的研究。

## 一、范式修复、边界工作与阐释社群

"范式"这一概念最早用于自然科学领域。里斯指出,与自然科学一样,新闻领域也强调收集和呈现信息的标准化方法,对现实的客观再现,以及对从业

---

① 周俊.试析新闻示范行为中的角色期望与角色领域[J].国际新闻界,2008(12):51-55.

② 龙小农.知识生产者:记者社会角色的另一种想象[J].现代传播,2018(8):26-33.

③ 郑忠明,江作苏.新闻媒体的知识管理:另一种角色期待[J].新闻记者,2016(5):27-37.

④ HANITZSCH T,VOS T P. Journalistic roles and the struggle over institutional identity:the discursive constitution of journalism[J].Communication theory,2017,27(2):115-135.

者的专业培训,亦存在所谓的"范式"①。新闻范式是"指导新闻媒体确认并诠释值得报道的'社会事实'的认知模式或格式塔世界观"②。它定义什么是新闻以及确认应该如何从事新闻工作,是新闻从业者衡量自己、同行和新闻媒体的基本参数③。

作为公认的知识,范式一经形成便具有排他性,会通过排挤和贬低其他解释世界的方式成为人们认识世界的唯一窗口。在自然科学领域,常规科学的目的常常在于澄清范式已经提供的现象和理论,而忽视那些不符合既有模式的现象,也难以容忍别人发明新理论④。新闻领域的知识生产也遵循"范式的逻辑",会通过驱逐"异类"的方式捍卫新闻再现的客观性⑤。在碰到挑战现存范式(尤其是新闻常规的事件)时,新闻界会依据自身对于政治和社会常态的预设将该事件定义为"异类",以重申、修补或巩固现有范式。本尼特等人将这一过程称为"范式修复"⑥。

最初,范式修复概念被用于解释新闻界围绕某些新闻组织或记者自身的争议性实践展开的公共讨论,特别是新闻界试图给争议性实践贴上"越轨行为"的标签,将其从"新闻实践"的范畴中驱逐出去以捍卫主导新闻范式的话语实践。此类公共话语实践被称为"第一层级的范式修复"⑦。2010 年,卡尔森进一步拓展概念外延,提出"第二层级的范式修复",用于指涉新闻界围绕那些彰显外部冲击的事件展开的、旨在捍卫主导新闻范式的公共话语实践⑧。二

---

①　REESE S D.The news paradigm and the limits of objectivity：a socialist at the "Wall Street Journal"[C].AEJMC,Washington,1989.

②　CHAN J M,LEE C C.Mass media and political transition：the Hong Kong press in China's orbit[M].New York：the Guilford Press,1991：23.

③　潘忠党,陈涛文.从媒体范例评价看中国大陆新闻改革中的范式转变[J].新闻学研究,2004(1)：1-43.

④　库恩.科学革命的结构[M].金吾伦,胡新和,译.北京：北京大学出版社,2003：22.

⑤　BENNETT W L,GRESSETT L A,HALTOM W.Repairing the news：a case study of the news paradigm[J].Journal of communication,1985,35(2)：50-68.

⑥　BENNETT W L,GRESSETT L A,HALTOM W.Repairing the news：a case study of the news paradigm[J].Journal of communication,1985,35(2)：50-68.

⑦　CARLSON M."Where once stood Titans"：second-order paradigm repair and the vanishing U.S.newspaper[J].Journalism,2012,13(3)：267-283.

⑧　CARLSON M."Where once stood Titans"：second-order paradigm repair and the vanishing U.S.newspaper[J].Journalism,2012,13(3)：267-283.

者的区别主要体现在两方面：第一，激起讨论的事件由新闻界内部引发（第一层级）还是由外力造成（第二层级）；第二，事件的重要性被消解（第一层级）还是被保留、强调（第二层级）①。外延的拓展显著提高了范式修复概念对当前新闻业态的解释效力，使其与另一概念——边界工作基本重合。

边界工作由吉因提出，指科学家通过强调科学机构的特征来建立社会边界从而区隔自身与"非科学"知识生产者、区分科学活动与"非科学"活动的话语实践②。这种意识形态上的努力旨在达成以下目标：（1）"扩张"，将自身权威和声望拓展到其他专业或职业领域；（2）"垄断"，给竞争者贴上"仿冒""越轨""业余"等标签，从而将其驱逐到本专业或职业领域之外；（3）"自主性保护"，寻找本专业或职业领域以外的"替罪羊"，使得内部成员不必为其工作的后果承担责任③。20 世纪 90 年代末，"边界工作"这一概念被引入新闻学研究领域，用于分析记者区隔新闻专业人士与非专业人士、新闻活动与非新闻活动的话语实践。

范式修复、边界工作的实质是阐释性话语实践④。相对于法律、医药等具有明晰的制度性结构的领域，新闻业作为专业领域的合法性有赖于新闻界建构和重构职业规范和理想的持续努力⑤。正是经由范式修复、边界工作等旨在维系新闻权威的话语实践，记者建构和表达集体认同，形成"阐释社群"⑥。泽利泽指出，作为"阐释社群"，记者通常借助两方面的话语实践建构和强化自身权威性：在地模式，报道当前正在发生的事件，强调记者作为"亲历者""目击

① CARLSON M."Where once stood Titans"：second-order paradigm repair and the vanishing U.S.newspaper[J].Journalism,2012,13(3)：267-283.

② GIERYN T F.Boundary-work and the demarcation of science from non-science：Strains and interests in professional ideologies of scientists[J]. American sociological review,1983,48(6)：781-795.

③ GIERYN T F.Boundary-work and the demarcation of science from non-science：Strains and interests in professional ideologies of scientists[J]. American sociological review,1983,48(6)：781-795.

④ LEWIS S C.The tension between professional control and open participation[J].Information,communication & society,2012,15(6)：836-866.

⑤ TONG J R.Journalistic legitimacy revisited：collapse or revival in the digital age? [J].Digital journalism,2018,6(2)：256-273.

⑥ ZELIZER B.Journalists as interpretive communities[J].Critical studies in mass communication,1993,10(3)：219-237.

者"的重要性；延续模式，讲述历史事件，强调记者作为"追忆者""历史学家"的重要性[1]。2007 年，梅耶尔斯拓展了延续模式的外延，在"新闻业讲述的历史故事"之外加入"关于新闻业的历史故事"，聚焦记者作为新闻文化阐释者和记忆主体讲述他们过往的工作从而维系当下的新闻权威[2]。

　　整体而论，新闻话语实践总是围绕什么是新闻、谁来报道、如何报道以及新闻的社会功能和文化价值究竟如何等一系列议题展开，其根本目标在于创造、维系和争取新闻职业在社会中的位置（通常所说的职业角色）。范式修复和边界工作提供了区分新闻话语实践的首要维度——"内"（应对新闻业内的挑战）与"外"（应对新闻业外的挑战），阐释社群则为理解此类实践提供了另一重要维度——"今"（聚焦当下）与"昔"（聚焦历史）。从这两个维度出发，可将记者叙事性角色的来源分为三类：聚焦当下、应对行业内部挑战的新闻话语实践，聚焦当下、应对行业外部挑战的新闻话语实践，聚焦历史的怀旧话语与记忆实践。

　　伴随上述三个概念的应用，积极、动态的视角被引入新闻话语实践研究：一方面，记者并非如此前学界所认为的那样只会被动传递政府官员以及政党、宗教首领等精英群体提供的信息，而是会积极主动地参与不同类型的话语实践以维护新闻权威；另一方面，新闻权威并非稳定不变的制度现实，而是包括记者在内的新闻从业者持续不断的话语实践的产物。因此，我们可以将记者看作"话语共同体"，从他们的话语实践中"去找寻新闻权威的根基，考察这个群体如何阐释特定的关键事件、时刻、人物等，藉此讨论新闻权威被生产、维系、修正和转变的符号化过程"[3]。过去数十年间，循着上述思路，国内外新闻学界展开系列研究，旨在揭示新闻从业者（尤其是记者）在不同语境下赋予特定职业角色以权威性和正当性的机制。下文将详细呈现这些研究的结论及其启发。

　　①　ZELIZER B.Journalists as interpretive communities[J].Critical studies in mass communication,1993,10(3):219-237.

　　②　MEYERS O.Memory in journalism and the memory of journalism:Israeli journalists and the constructed legacy of Haolam Hazeh[J].Journal of communication,2007,57(4):719-738.

　　③　白红义.边界、权威与合法性：中国语境下的新闻职业话语研究[J].新闻与传播研究,2018(8):29.

## 二、内部挑战应对话语中的记者角色

自 20 世纪 80 年代中期被引入新闻学领域以来，范式修复得到新闻学界的持续关注。围绕当下的新闻事件，研究者们考察了记者应对新闻生产中的失范行为、捍卫新闻客观性原则和中立者角色的话语策略。1989 年，里斯揭示了"麦克道尔事件"发生后新闻界的范式修复策略，如强调记者个人的政治立场不可能挑战客观报道原则[①]。伯科威茨[②]和欣德曼[③]分别考察了新闻界针对黛安娜王妃车祸事件的范式修复行动，发现主流媒体通过谴责"狗仔队"及其雇主——小报来强化自身"再现世界"的权威和正当性。2005 年，一项以"杰森·布莱尔事件"为案例的研究也发现，《纽约时报》的记者和编辑们诉诸区隔策略——将布莱尔塑造成新闻编辑室的"变节者"——来减轻虚假新闻对报纸形象的冲击，维护记者作为真相传递者的社会声望[④]。许多研究表明，类似策略广泛用于记者职业形象的修复[⑤]。

上述有关新闻范式修复的研究多以媒体文本，尤其是新闻报道、评论、专栏文章等的叙事，作为分析对象。近十年来，同主题的研究聚焦其他类型的公共话语，如公开出版的记者传记、会议发言、正式或非正式的访谈、博客、微博

① REESE S D.The news paradigm and the limits of objectivity：a socialist at the Wall Street Journal［C］.AEJMC，Washington，1989.

② BERKOWITZ D.Doing double duty：paradigm repair and the Princess Diana what-a-story［J］.Journalism，2000，1(2)：125-143.

③ HINDMAN E B. The princess and the paparazzi：blame，responsibility，and the media's role in the death of Diana［J］.Journalism & mass communication quarterly，2003，80(3)：666-688.

④ HINDMAN E B.Jayson Blair，the New York Times，and paradigm repair［J］. Journal of communication，2005，55(2)：225-241.

⑤ FAKAZIS E.Janet Malcolm：constructing boundaries of journalism［J］.Journalism，2006，7(1)：5-24；STEINER L，GUO J，MCCAFFREY R，et al.The wire and repair of the journalistic paradigm［J］. Journalism，2013，14(6)：703-720；GUTSCHE R E Jr.，NARANJO C，MARTINEZ-BUSTOS L."Now we can talk"：the role of culture in journalistic boundary work during the boycott of Puerto Rico's La Comay［J］.Journalism practice，2015，9(3)：298-313；CHADHA K，KOLISKA M.Re-legitimizing the institution of journalism：the Indian news media's response to the "Radia Tapes" scandal［J］.Journalism studies，2016，17(2)：199-215.

等,经由对此类话语实践的考察揭示记者赋予自身职业角色以正当性的策略。语料来源的转变,更多受到外部环境的影响——以互联网为代表的信息传播新技术正在改写国内外尤其是新闻规制比较严格的国家和地区的新闻业生态,越来越多的记者开始将更便捷、互动性更强的新媒体平台作为新闻话语实践的场所。

　　既有研究表明,在应对新闻行业内部冲击(尤其是新闻失范行为)或其他争议性新闻实践的挑战时,国内外记者的边界管理多以"垄断"为目标,通过将涉事主体"他者化"来维系传统职业角色——客观中立的信息传播者的权威性和正当性。例如,科利奥宁等人与芬兰记者的深度访谈发现,在关于两起校园枪击案报道的反思性实践中,记者倾向于强调履行信息传播职能比考虑报道的示范效应更重要①。白红义在分析涉及"纪许光微博反腐事件"的微博、博客文章及新闻评论后指出,通过重申记者作为客观记录者的职业角色,国内新闻同行将纪许光塑造成主流新闻范式的"越轨者",从而将其"逐出"新闻共同体②。这一结论在陈梦洁、袁梦倩以微博、博客以及访谈作为资料来源的研究中亦得到支持③。

## 三、外部挑战应对话语中的记者角色

　　21世纪初至今,全球新闻业持续转型。在新闻、新闻生产和新闻业认同的传统边界不断遭受挑战甚至重构的时代,新闻话语实践变得尤其活跃。作为新的信源,互联网和在线新闻内容的真实性和可靠性最先受到记者的质疑④。自媒体和用户生产内容,如博客、维基解密、微博,亦随后成为记者群体捍卫新闻权威和职业角色时的主要参照对象。面对自媒体的挑战,记者在修

---

① KOLJONEN K,RAITTILA P,VALIVERRONEN J.Crisis journalism at a cross-roads? Finrish journalists' reflections on their profession after two school shooting cases [J].Journalism practice,2011,5(6):719-734.

② 白红义.新闻范式的危机与调适——基于纪许光微博反腐事件的讨论[J].现代传播,2015(6):39-45,55.

③ 陈楚洁,袁梦倩.社交媒体,职业"他者"与"记者"的文化权威之争——以纪许光微博反腐引发的争议为例[J].新闻大学,2015(5):139-148.

④ RUGGIERO T E.Paradigm repair and changing journalistic perceptions of the Internet as an objective news source[J].Convergence:the international journal of research into new media technologies,2004,10(4):92-106.

复范式、维系边界时的话语策略更多样——他们倾向于同时强调自媒体用户在提供新闻素材方面的价值及其作为信息发布者的局限性,如在信息采集过程公开透明、对社会负责、来源可靠等方面不及专业记者。这一策略在关于2004 年美国总统选举日博客发布误导性民意调查数据事件①、维基泄密事件②的讨论以及地方新闻台记者对用户生产内容的评价③中表现得尤其明显。

自媒体兴起之初,在应对外部技术挑战的新闻话语实践中,记者倾向于强调其作为专业新闻组织雇员的制度化特征,包括遵守一系列职业标准和规范,拥有职业热情、技能等,以维护专业记者相对于自媒体用户的权威。近年来,随着自媒体平台逐渐成为互联网用户获取信息的首要渠道,上述趋势悄然发生改变。以"垄断"为目标的新闻话语实践仍然是主流,但与此同时,新的策略被创造和采纳。例如,记者将互联网论坛上关于"邓玉娇事件"的声音界定为"民意",强调不受"民意"干预的自治逻辑是记者承担记录者角色的必要前提④,将自媒体上遵循新闻规范的信息发布行为纳入职业实践范畴,同时将发布信息以宣导个人信念的行为排除在外⑤,还有记者将脸书界定为"新闻组织",指责脸书未能遵循新闻组织应该履行的传统职责⑥,将新闻权威扩张到自媒体领域之余,维系规范性角色的"正统地位"。再比如,将新闻业危机表述

---

① CARLSON M.Blogs and journalistic authority:the role of blogs in US Election Day 2004 coverage[J].Journalism studies,2007,8(2):264-279.

② CODDINGTON M.Defending a paradigm by patrolling a boundary:two global newspapers' approach to WikiLeaks[J].Journalism & mass communication quarterly,2012,89(3):377-396;WAHL-JORGENSEN K.Is WikiLeaks challenging the paradigm of journalism? Boundary work and beyond[J].International journal of communication,2014(8):2581-2592.

③ JOHN B G,DADE C.Local broadcast journalism,user-generated content and boundary work[J].Media practice & education,2019,20(3):260-276.

④ 李艳红,龚彦方.作为反思性实践的新闻专业主义——以邓玉娇事件报道为例[J].新闻记者,2014(7):68-77.

⑤ TONG J R.Chinese journalists' views of user-generated content producers and journalism:a case study of the boundary work of journalism[J].Asian journal of communication,2015,25(6):600-616.

⑥ JOHNSON B G,KELLING K.Placing Facebook:"Trending" "Napalm Girl" "fake news" and journalistic boundary work[J].Journalism practice,2018,12(7):817-833.

为新媒体冲击下的"营利"危机，却甚少提及"专业"本身及其带来的"公共性"危机①，通过此类选择性归因，为传统媒体的危机寻找"替罪羊"。

可以看到，记者们采取多元话语策略应对新媒体在不同阶段的挑战。这进一步印证了新闻权威建构和维系的动态和符号化本质。此外，相对于前一部分的研究，聚焦外部挑战应对话语的研究拥有更丰富的语料来源，分析方法也更加多样。除针对媒体文本以及记者自身在线上、线下的个人发言展开分析，研究者还尝试引入量化研究方法，透过结构化访谈和自我报告了解记者以新媒体为参照重申规范性角色的倾向。

## 四、怀旧话语中的记者角色

在应对以新媒体为代表的外部挑战的过程中，记者还会诉诸怀旧话语，讲述过去的故事，构建理想的、业已消逝的"黄金时代"，经由对昔日成就的回溯重申该群体共同认可的职业角色、理念与实践，维系当下的新闻权威。其中，具有浓厚儒家传统色彩的参与者角色被频繁塑造为黄金时代的职业典范，今昔对比、今不如昔则构成怀旧话语的核心主题②。此类话语实践往往发生在"热点时刻"③，围绕关键的公共事件，如孙志刚事件④、新闻人退休⑤与逝世⑥、

① 李艳红，陈鹏."商业主义"统合与"专业主义"离场：数字化背景下中国新闻业转型的话语形构及其构成作用[J].国际新闻界，2016(9)：135-153；CARLSON M."Where once stood Titans"：second-order paradigm repair and the vanishing U.S.newspaper[J].Journalism，2012，13(3)：267-283.
② 李红涛."点燃理想的日子"——新闻界怀旧中的"黄金时代"神话[J].国际新闻界，2016(5)：6-30.
③ ZELIZER B.Journalists as interpretive communities[J].Critical studies in mass communication，1993，10(3)：219-237.
④ 张志安，甘晨.作为社会史与新闻史双重叙事者的阐释社群——中国新闻界对孙志刚事件的集体记忆研究[J].新闻与传播研究，2014(1)：55-77，127.
⑤ 白红义.新闻权威、职业偶像与集体记忆的建构：报人江艺平退休的纪念话语研究[J].国际新闻界，2014(6)：46-60.
⑥ 陈楚洁.媒体记忆中的边界区分，职业怀旧与文化权威——以央视原台长杨伟光逝世的纪念话语为例[J].国际新闻界，2015(12)：26-45；CARLSON M，BERKOWITZ D A.Twilight of the television idols：collective memory，network news and the death of Water Cronkite[J].Memory studies，2012，5(4)：410-424.

报纸停刊①,或仪式性节日、庆典,如记者节②、纪念日③、新年献词④展开。

相对于前述两类研究,有关怀旧话语实践的研究吸引了更多国内学者的关注。以文本分析为主导研究方法的集体记忆研究显示,相对于国外记者在怀旧话语实践中反复表呈的共同价值取向,参与热点时刻讨论的国内记者持有明显多样化的立场——"黄金时代"常常被记者们赋予不同的意义,来合法化他们对新闻职业的过去、现在与未来的多元认知的权威地位⑤。有鉴于此,国内记者更多是不断争夺和协商意义的"话语共同体"⑥,而不是建立在基本共识基础之上的"阐释社群"⑦。

## 五、小结

整体而论,聚焦记者群体的新闻话语实践研究多采用文本分析、深度访谈

① 白红义."正在消失的报纸":基于两起停刊事件的元新闻话语研究——以《东方早报》和《京华时报》为例[J].新闻记者,2017(4):11-25;CARLSON M."Where once stood Titans":second-order paradigm repair and the vanishing U.S.newspaper[J].Journalism,2012,13(3):267-283.

② 丁方舟,韦路.社会化媒体时代中国新闻人的职业困境——基于2010—2014年"记者节"新闻人微博职业话语变迁的考察[J].新闻记者,2014(12):3-9;丁方舟."理想"与"新媒体":中国新闻社群的话语建构与权力关系[J].新闻与传播研究,2015(3):6-22,126;李红涛,黄顺铭.传统再造与模范重塑——记者节话语中的历史书写与集体记忆[J].国际新闻界,2015(12):6-25.

③ 郭恩强.多元阐释的"话语社群":《大公报》与当代中国新闻界集体记忆——以2002年《大公报》百年纪念活动为讨论中心[J].新闻大学,2014(3):18-25.

④ 张志安,章震.媒介融合语境下新闻职业权威的话语建构——基于48家媒体2016年新年献词的话语研究[J].现代传播,2017(1):35-41;KITCH C.Anniversary journalism,collective memory,and the cultural authority to tell the story of the American past[J].Journal of popular culture,2002,36(1):44-67.

⑤ 丁方舟."理想"与"新媒体":中国新闻社群的话语建构与权力关系[J].新闻与传播研究,2015(3):6-22,126;白红义.记者作为阐释性记忆共同体:"南都口述史"研究[J].国际新闻界,2015(12):46-66;李红涛."点燃理想的日子"——新闻界怀旧中的"黄金时代"神话[J].国际新闻界,2016(5):6-30.

⑥ 白红义.边界、权威与合法性:中国语境下的新闻职业话语研究[J].新闻与传播研究,2018(8):25-48,12.

⑦ ZELIZER B.Journalists as interpretive communities[J].Critical studies in mass communication,1993,10(3):219-237.

等质化方法，考察记者征用何种话语资源，采纳什么话语策略以维系新闻职业的权威。自20世纪80年代中期以来，记者的新闻话语实践的重心呈现出由"局内"向"局外"，由"当下"向"今昔对接"的转换。进入21世纪以后，记者建构新闻权威的话语策略日益多样化，折射出新媒体语境下新闻业态的结构性变迁。

新闻话语实践的开展往往意味着范式的调整、边界的松动，亟待新概念、新方法和新视角的引入和解释。新闻话语实践研究的价值之一，就在于促使学界重新审视传统新闻理论和分析框架在新语境下的适用程度，寻求概念、方法和视角的创新。另外，国内外记者在新闻话语实践方面的差异亦需引起学界关注。我们有必要展开更多比较研究，着力考察影响记者话语实践机制的外围因素。最后，既有研究已充分讨论了作为行业基本语境的新媒体在新闻话语实践中的象征意义，却很少关注记者群体对作为新闻实践组成部分的新媒体的话语建构机制。未来研究应尝试弥补这一不足。

# 第四章　福建地方报业记者的职业角色认知

前三章详述开展记者职业角色研究的理论前提,从这一章开始,正式进入个案研究环节。本章先聚焦认知层面,导入相关的实证研究,在逐一说明研究对象和方法的选择依据后,勾勒福建地方报业记者职业角色认知的轮廓。

## 第一节　作为研究对象的福建地方报业记者

记者有广义和狭义之分。1954年,国际新闻工作者联合会通过《国际新闻工作者联合会的记者行为原则宣言》,将"记者"明确定义为"从事采集、播送、传播和评论所描述事件中的新闻及信息的人"[①]。广义的记者因此包含所有从事新闻采编业务的人员。相较而言,狭义的记者更强调专业性或制度上的合法性。例如,在我国,《记者证管理办法》规定,记者专指"新闻机构编制内或者经正式聘用、专职从事新闻采编岗位工作,并持有记者证的采编人员",其中,新闻机构指"经国家有关行政部门依法批准设立的境内报纸出版单位、新闻性期刊出版单位、通讯社、广播电台、电视台、新闻电影制片厂等具有开展新闻采编业务资格的单位"[②]。本研究关注狭义上的记者,即那些被国内新闻机构正式以记者身份聘用并从事新闻采编工作的媒体从业者。

---

　①　国际新闻工作者联合会(International Federation of Journalists,IFJ)是西方最大的国际新闻工作者组织。1954年,在法国波尔多举行的第二次代表大会通过了文件,确定了记者职业活动的8项标准。

　②　国家新闻出版总署令第44号[A/OL].(2009-08-24)[2019-06-28].http://www.gov.cn/gongbao/content/2010/content_1565495.htm.

# 一、报业记者

作为人类历史上第一种真正意义上的大众媒体,报纸(尤其是廉价报纸)促成"阅读公众"向"阅读大众"的转变①。在广播、电视出现以前,报纸一度是具有读写能力的人群了解外部世界的首要渠道。20 世纪六七十年代电视的普及,曾催生"报纸消亡论"。二十年后,计算机的发明、互联网技术的推广,再度引起类似论调的流行。当前,报业危机的论调在全球扩散,不同国家的报业发展现状却呈现显著的差异。尽管美、法、德等国报业的营收水平严重下降,英国、澳大利亚和日本报业却基本保持稳定,印度报业甚至呈现稳中有升、逆势发展的态势②。生存境遇的多样性,使得以单一国家报业为对象的研究在未来相当长时期内仍显必要。

与美、法、德报业一样,过去十余年间,中国报业也经历了广告、发行收入的断崖式下滑,深陷困局。改革开放的最初三十年,中国报业在传媒领域率先推进市场化改革,不再依赖财政津贴,成功转型为自负盈亏的市场主体。2005年是中国报业发展的第一个"拐点"。就在这一年,香港上市的北青传媒以及北京、广州、深圳等地多家"强势"纸媒的广告营收出现负增长③。2012 年,国内上市报业传媒集团的广告和发行收入同步下滑④,全国报业的广告市场份额亦大幅下降,报业发展的"拐点"再现⑤。及至 2015 年,国内报业广告和发

---

① 哈贝马斯.公共领域的结构转型[M].曹卫东,王晓珏,刘北城,等译.上海:学林出版社,1999:187-200.

② 全涛,朱月娥.数字时代,美国报业转型发展现状分析[J].编辑之友,2015(11):103-106;田俊雷,申永杰.从法兰西晚报停刊看法国报业[J].新闻与写作,2014(3):97-99;胡园园.透视德国报业危机[J].中国记者,2013(4):122-123;马汉清.痛并快乐着:英国报业转型一瞥[J].中国记者,2014(1):126-127;张薇薇.论当代澳大利亚报业的发展[J].新闻学论集,2013(2):145-156;陈洋.新媒体为何威胁不到日本报纸[J].青年记者,2015(36):5;张辰韬.印度报业发展现状与市场前景预测[J].出版广角,2014(5):64-66.

③ 喻国明."拐点"的到来意味着什么——兼论中国传媒业的发展契机[J].中国记者,2005(10):32-34.

④ 程征.报业拐点已至转型迫在眉睫——2012 年度报业传媒集团上市公司财报分析[J].中国记者,2013(6):96-97.

⑤ 郭全中.2012:缘何重提"中国报业拐点论"[J].新闻前哨,2012(11):8-11.

行收入双双"断崖式"下跌,若干报纸相继停刊,报业发展的"寒冬"来临①。

确切地说,营收下滑的趋势并非报业独有。2011 年以来,国内广播电视业的广告收入增幅亦有所下降,但其总额仍保持增长②,这与报业的发展现状存在较大差异。相对而言,国内报业面临更大的转型压力。回溯中国新闻媒体演进史可知,社会政治、文化语境的变迁往往导致媒体行业的结构转型,后者又会作用于记者的职业角色。李金铨的研究指出,以新中国成立和改革开放为时间节点,中国报业经历了从儒家模式到市场化模式的转换,记者的角色也相应地从启蒙者、宣传者向动员者、营利者转变③。当下,转型内驱力相对更高的中国报业为学界提供了观察记者职业角色演进轨迹的理想场域。以报业记者作为研究对象,考察该群体的角色认知现状并将其与既往研究结论进行比较,可以勾勒记者角色的变迁轨迹,据此评估国内报业结构转型对新闻业及其从业者的影响。

## 二、福建地方报业

本研究选择福建地方报业作为分析案例,原因有三。首先,诚如第一章所说,迄今为止,国内有关记者职业角色认知的研究多着眼全国范围内或一线城市的新闻从业者,较少关注地方性(尤其是非一线城市)新闻媒体的记者。这是本书选择福建地方报业作为分析案例的最初原因。其次,研究的便利性和可操作性。笔者在厦门大学新闻传播学院从教,拥有较多福建地区的新闻媒体资源,这是影响案例选择的另一因素。最后,福建地方报业与国内其他经济发达地区报业之间的差异和一致性,是选择前者作为研究案例的主要依据。

福建省位于中国东南部,北、西、南三面分别与浙江、江西、广东接界,东面与台湾隔海相望。三面环山、一面临海的特殊的地理位置,使得福建在较长历史时期内都是"一个相对封闭、自成体系的社会经济区域"④。在福建省内部,南北向的叠嶂山峦和东西向的稠密水系将福建阻隔成众多"相对独立的小经

---

① 崔保国.中国传媒产业发展报告(2016)[R].北京:社会科学文献出版社,2016:88-107.

② 崔保国.中国传媒产业发展报告(2016)[R].北京:社会科学文献出版社,2016:17.

③ 李金铨.超越霸权:传媒与"文化中国"的现代性[M].香港:牛津大学出版社,2004:61-94.

④ 张燕清.福建文化生态与历史文化传承[J].东南学术,2003(5):142-147.

济文化生活区域"①。尽管如此,宋元以来,作为海上丝绸之路的发祥地之一,福建与世界其他地区的商贸往来频繁,是我国对外开放的前沿省份②。封闭性与开放性兼具的地理、文化生态,深刻影响着福建地区的社会经济风貌。

福建省下设福州、厦门、泉州等 9 个市。截至 2016 年,全省总人口数 3 874万,城镇人口 2 464 万③,人均地区生产总值 74 707 元,仅次于北京、天津、上海、浙江、江苏,居全国第 6 位④。尽管如此,较之国内经济较发达地区的报业,福建地方报业的规模比较有限。2007—2016 年,尤其是在 2012 年以前,福建地区的报纸出版总印数远低于北京、上海、浙江、江苏四地,仅比天津市的报纸出版总印数略高一些(见图 4-1)⑤。

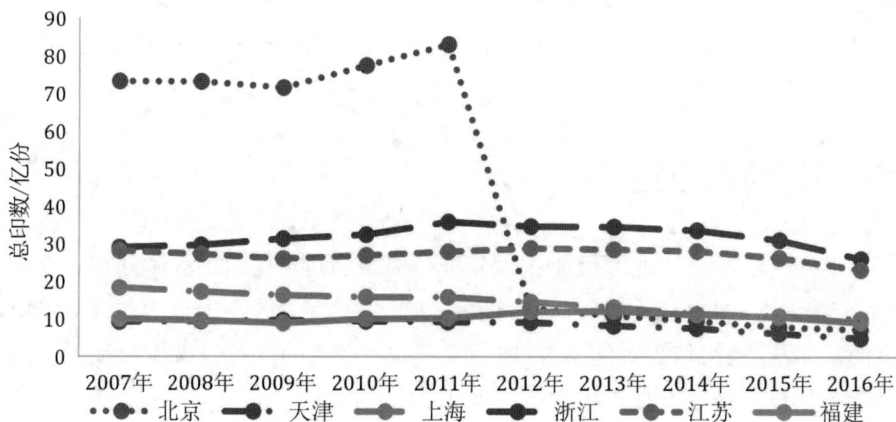

图 4-1　2007—2016 年六省市报纸出版总印数

放眼整个中国,1995 年创刊的《华西都市报》和 1996 年组建成立的广州日报报业集团分别构成国内报业两轮结构转型——都市报浪潮和集团化的起

---

① 张燕清.福建文化生态与历史文化传承[J].东南学术,2003(5):142-147.

② 福建省人民政府发展研究中心课题组.福建建设 21 世纪海上丝绸之路核心区的研究报告[R].发展研究,2016(6):4-13.

③ 福建省统计局.福建年鉴:2016[Z/OL].(2016-08-30)[2015-10-16].http://tjj.fujian.gov.cn/tongjinianjian/dz2016/index-cn.htm.

④ 中国人民共和国国家统计局.年度数据[Z/OL].(2016-08-30)[2015-10-26].http://data.stats.gov.cn/easyquery.htm? cn=C01.

⑤ 中国人民共和国国家统计局.年度数据[Z/OL].(2016-08-30)[2015-10-26].http://data.stats.gov.cn/easyquery.htm? cn=C01.

点。相比较而言,福建地方报业起跑较晚,但其演进轨迹与国内其他地方报业并无二致——先引入都市报以增加报业营收,扩大市场份额;继而调整媒体结构,开展多元化经营,产生规模效应。

1997年创刊的《海峡都市报》是福建省内第一份都市类报纸。在此之前,省内几家党委机关报,特别是《福州晚报》《厦门日报》《泉州晚报》,占据所在城市报纸订阅和零售的绝大部分市场份额。奉行"全省战略"的《海峡都市报》的面世,打破了党委机关报"各据一方"的格局,福建报业的变革由此加速[1]。1998—2000年,以《海峡导报》《东南快报》《东南早报》为代表的都市类报纸相继创刊。它们和《海峡都市报》一样,刊登大量社会新闻、娱乐新闻以吸引读者眼球,辅之以自办发行、广告全面代理和活动策划等,以提高所在报社的省内市场份额。

整体规模逐步壮大的同时,福建地方报业之间的竞争变得日趋激烈。进入21世纪以后,福建地方报业走上集团化的道路。2002年,省内首家传媒集团——福建日报报业集团正式挂牌成立并采取一系列举措,包括调整媒体结构,从一元化报纸经营向多元化内容产品经营和信息增值服务转变等[2]。此后数年,福建地方报业经历了广告和发行收入稳定增长的阶段。

2008年,福建报业的总印数达到10.38亿份,次年旋即大幅下滑;之后经历四年的"回暖"期,于2014年再度呈现下行趋势并持续走低至今[3]。这一态势与国内报业完全一致(见表4-1):2008年,国内报纸总印数升至442.92亿份,次年下滑;2010—2013年逐步飙升至历史新高482.41亿份,2014年再度开始下滑,截至2016年,全国报纸总印数仅390.07亿份[4]。通常来说,报纸印数的变化是报业营收水平滞后的反映。与国内其他许多省市一样,福建地方报业在2012年下半年以来整体营收急转直下,当前,多家报社难以为继,转型迫在眉睫。

---

① 万智炯.三城记——福建报业变局之历史回顾[J].中国记者,2005(4):48-51.

② 优化结构探新路,多元并进谋发展——福建报业发展综述[J].中国报业,2013(8):14-16.

③ 福建省统计局.福建年鉴:2017[Z/OL].(2016-08-30)[2015-10-16].http://tjj.fujian.gov.cn/tongjinianjian/dz2017/index-cn.htm.

④ 中国人民共和国国家统计局.年度数据[Z/OL].(2016-08-30)[2015-10-26].http://data.stats.gov.cn/easyquery.htm? cn=C01.

表 4-1  2007—2016 年全国与福建地区报纸总印数

单位：亿份

| 范围 | 2007 年 | 2008 年 | 2009 年 | 2010 年 | 2011 年 | 2012 年 | 2013 年 | 2014 年 | 2015 年 | 2016 年 |
|------|--------|--------|--------|--------|--------|--------|--------|--------|--------|--------|
| 全国 | 437.99 | 442.92 | 439.11 | 452.14 | 467.40 | 482.26 | 482.41 | 463.90 | 430.09 | 390.07 |
| 福建地区 | 9.98 | 10.38 | 8.29 | 9.99 | 11.19 | 11.88 | 12.06 | 11.19 | 10.61 | 9.06 |

选择福建地方报业作为分析案例，一方面基于它中等偏小的报业规模以及在媒体转型中的后发地位，另一方面则是考虑到它与国内其他地方报业相似的演进轨迹和发展现状。整体上，福建地方报业的生态与国内多数地方报业类似——规模有限，在媒体转型过程中多扮演"追随者"的角色，从全国性报业以及经济较发达地区报业的转型范例中汲取经验，摸索适合的方向。作为"追随者"的中小规模的地方报业在此前关于中国报业的研究中较少受到关注。对福建地方报业这一案例的考察，有望呈现媒体转型背景下国内中小规模地方报业的典型生态。

# 第二节  调查抽样与变量的测量

长久以来，调查法是衡量记者职业角色认知最常用的研究手段。作为社会科学研究方法的一种，调查法尤其适用于了解数量庞大、分布广泛的人群的态度和倾向性[①]。职业角色认知涉及记者对新闻媒体社会职能的看法，适合运用调查法来测量和分析。以下将从抽样和变量的测量两方面来介绍关于福建地方报业记者职业角色认知的调查。

## 一、抽样

福建省内分布着福建日报报业集团、厦门日报社、福州日报社、泉州晚报社、闽南日报社、闽西日报社、闽北日报社、闽东日报社、三明日报社、湄洲日报社等十多家地方报业。其中，福州、厦门、泉州三地报业的广告收入占全省地

---

① 巴比.社会研究方法[M].邱泽奇,译.北京：华夏出版社,2005：236.

方报业广告收入的绝大部分[①]。这与三个城市的经济发展水平密切相关。截至 2014 年,福州、厦门、泉州三地的地区生产总值占全省的 58.9%[②]。故本研究选择这三个城市展开调研。

在福州、厦门、泉州三地,无论是就报业的经营规模还是广告收入来说,福建日报报业集团、厦门日报社与泉州晚报社都位居省内前列。作为这几家报业旗下的主流媒体,《福建日报》《海峡都市报》《海峡都市报(闽南版)》《海峡导报》《厦门日报》《厦门晚报》《海西晨报》《泉州晚报》《东南早报》贡献了绝大多数印数和营收。因此,本研究将这三家报业 9 份综合性报纸的记者纳入调研范围。此外,福州日报社在福州地区占有一定的市场份额,与福建日报报业集团长期处于竞争态势,故将《福州日报》《福州晚报》的记者也纳入调研范围。

进入"寒冬"以来,福建地方报业记者的职业流动性比较大,其总体规模难以准确获知。因此,从 2015 年 7 月至 8 月,笔者采用非随机抽样的方式,对前述 4 家报业下属的 11 家综合性报纸展开问卷调查。由于记者职业的特殊性——工作时间灵活、压力大,笔者采用在全社大会或新闻采编部门例会的前后,由两名调研助理现场发放纸质问卷的方式来进行调查。前后共发放问卷 300 份,回收 275 份,回收率 91.7%。在剔除过半内容未作答和明显答题不认真的问卷后,共获得有效问卷 233 份,有效回收率 77.7%。两名编码员对问卷进行编号后,将数据录入 SPSS 19.0 并相互进行校对,修正了人工录入过程中的错误。此后,笔者采用方差分析、回归分析、因子分析等方法对数据进行处理。

## 二、变量的测量

2015 年 5 月到 6 月,基于对相关理论文献的梳理,笔者完成对问卷的初步编制。此次调查旨在了解福建地方报业记者的职业角色认知及其影响因素,问卷因此涵盖包括职业角色认知在内的 4 个核心变量以及人口统计学变量。本章仅聚焦职业角色认知,其他变量的测量结果将在后续章节中逐一报告。

---

① 幸培瑜.空间在哪里——福建报业变局之格局观察[J].中国记者,2005(4):51-53.
② 福建省统计局.福建年鉴:2015[Z/OL].(2016-09-05)[2015-10-16].http://tjj.
fujian.gov.cn/tongjinianjian/dz2015/index-cn.htm.

**1.核心量表的来源**

1971 年,基于科恩对记者角色的分类[①],约翰斯通等人研制出一套量表,测量记者的职业角色认知,该量表共包含以下八个题项[②]:

(1)调查政府的声明及言论;

(2)对复杂的问题提供分析与解释;

(3)将消息尽快传递给公众;

(4)讨论尚在发展的国家政策;

(5)避免散播事实未经查证的报道;

(6)集中报道最大多数公众感兴趣的新闻;

(7)发展公众在知识和文化上的兴趣;

(8)提供娱乐与休闲。

在对调查数据的因子分析中,约翰斯通等人发现,题项(1)、(2)、(4)归入"参与"这一维度,题项(3)、(5)、(6)、(8)归入"中立"维度,题项(7)因在两个公因子上的载荷都很低而未归入任何一个维度[③]。

1982 年,韦弗和威尔霍伊特将记者角色认知量表拓展为 10 个题项,新增"质疑政府官员的行为"和"质疑企业的行为"两项,用于测量受访者对"对立"角色的看法[④]。在研究中,韦弗和威尔霍伊特将包含题项(1)、(2)、(4)的维度命名为"解释/调查",将包含题项(3)、(6)的维度命名为"传播",分别与约翰斯通等人所说的参与者和中立者对应;新增的两个题项组成"对立"维度,题项(5)、(7)、(8)在三个公因子上的载荷都很低,未被纳入任何一个维度[⑤]。1992 年,韦弗和威尔霍伊特再次拓展该量表,新增"设定政治议程"和"为普通人提供表达对公共议题的看法的机会"两项,考察记者对"民粹主义动员"角色的认

　① COHEN B C.The press and foreign policy[M].Princeton:Princeton University Press,1963.

　② JOHNSTONE J W C,SLAWSKIE J,BOWMAN W W.The professional values of American newsmen[J].Public opinion quarterly,1972,36(4):522-540.

　③ JOHNSTONE J W C,SLAWSKIE J,BOWMAN W W.The professional values of American newsmen[J].Public opinion quarterly,1972,36(4):522-540.

　④ WEAVER D H,WILHOIT G C.The American journalist:a portrait of U.S.news people and their work[M].Bloomington:Indiana University Press,1991:104-145.

　⑤ WEAVER D H,WILHOIT G C.The American journalist:a portrait of U.S.news people and their work[M].Bloomington:Indiana University Press,1991:104-145.

知,题项数量因此达到 12 个①。

此后有关记者职业角色认知的调查研究,多以约翰斯通等人编制、韦弗和威尔霍伊特共同发展的量表为基础略加调整,使之更适应所在国家或地区的社会政治语境和新闻文化。例如,魏申贝格等人在前述 12 个题项之外新增"将信息客观准确地传达给受众""依据事实报道""声援弱势群体""传达正面观点"等 9 个题项,以测量德国新闻采编人员的角色认知②。陈崇山、祝建华和吴伟选择韦弗和威尔霍伊特二次拓展后的量表中的 7 个题项,对其加以重新表述,然后增加"揭露和批评社会不良现象"和"弘扬英雄模范"两个题项,共计 9 个题项,以测量中国记者的职业角色认知③。1996 年,罗文辉等人在前述研究的基础上增补"鼓吹民意"角色,拓展出包含 18 个题项的量表,用于测量中国大陆、香港和台湾三地新闻人员的职业角色认知④。

陈崇山、罗文辉等人对角色认知量表的修订,源自他们对中美新闻文化差异的敏锐洞察,他们力图透过对题项的筛选和增补,提高这一植根于美国新闻生态的量表在测量国内记者角色认知时的可靠性。喻国明、陆晔、张志安和沈菲此后关于国内记者角色认知的调查研究均采用这一量表⑤。近年来,国内学界开始致力于改进这一量表,包括增加有关"宣传"和"营利"角色的题项,使之更契合当下中国的新闻文化生态。例如,张志安、吴涛在一次全国性、大规模调查研究中加入"支持政府政策""传达政治领袖的正面形象"等题项以测量

————————

① WEAVER D H,WILHOIT G C.The American journalist in the 1990s:U.S.news people at the end of an era[M].Mahwah:Erlbaum,1996.

② WEISCHENBERG S, LÖFFELHOLZ M, SCHOLL A. Journalism in Germany [M]//WEAVER D H. The global journalists:news people around the world. Cresskill: Hampton Press,1998:229-256.

③ CHEN C S,ZHU J H,WU W.The Chinese journalist[M]//WEAVER D H.The global journalists:news people around the world.Cresskill:Hampton Press,1998:9-30.

④ 罗文辉,陈韬文,潘忠党,等.变迁中的大陆、香港、台湾新闻人员[M].台北:巨流图书公司,2004:159-208.

⑤ 喻国明.角色认知与职业意识:中国新闻工作者职业意识与职业道德抽样调查报告(之一)[J].青年记者,1998(2):4-7;陆晔.新闻从业者的媒介角色认知——兼论舆论监督的记者主体作用[J].中国青年政治学院学报,2003,2(22):86-91;张志安,沈菲.媒介环境与组织控制:调查记者的媒介角色认知及影响因素(上)[J].现代传播,2012(9):39-45.

记者对宣传者角色的看法①；苏林森在对五大城市新闻从业者的调查中设置"记者是工薪一族""养家糊口的劳动者"等题项②；陶建杰、张志安在对上海地区网络新闻从业者的调查中设置"作为企业经营"题项③以测量记者对营利者角色的认知。

**2.记者职业角色认知的概念化和操作化**

职业角色认知指新闻记者对自身应该承担的职业角色的看法,主要回答"记者应该做什么"这一问题。对此,国内外学界基本形成共识。不过,在将记者角色认知操作化这一问题上,研究者并未达成一致。迄今为止,记者角色认知量表仍处于持续修订阶段。不同国家和地区的研究者常常采用不同的题项测量新闻从业人员对同一角色的认知,即使在同一国家或地区,研究者在题项选择上亦存在较大差异。由于缺乏已知、成熟的量表,本次调查在借鉴前人研究、重新表述相关题项的基础上,增加部分自行发展的题项,以便更完整地了解福建地方报业记者对各类职业角色的认知(见表4-2)。

2007年,基于对既有研究文献的回溯,瑞士学者哈尼奇提出新闻文化的"普适性理论",尝试解决"不同文化语境下新闻文化应该如何被概念化和操作化,进而成为系统研究的对象"这一问题④。他将制度性角色视为新闻文化的规定性组成部分并指出,不同新闻文化下的制度性角色均包含以下三个类别:干预主义,指记者介入事件进程、促成改变的程度,中立和参与分别构成它的两端;权力距离,指记者与权力之间的关系,即记者究竟是与权力对立还是服膺于它;市场导向,指引导新闻生产的首要社会焦点,即记者究竟是将受众视为市民还是消费者⑤。哈尼奇的"制度性角色"可以涵盖不同形态的新闻文化,本研究将借鉴这一概念,尝试从"介入程度""与权力的关系""受众观"三个

①　张志安,吴涛."宣传者"与"监督者"的双重式微——中国新闻从业者媒介角色认知、变迁及影响因素[J].国际新闻界,2014(6):61-75.
②　苏林森.宣传者、营利者和传播者:中国新闻工作者的角色认知[J].国际新闻界,2012(8):33-38,102.
③　陶建杰,张志安.网络新闻从业者的媒介角色认知及影响因素——上海地区调查报告之三[J].新闻记者,2014(2):63-68.
④　HANITZSCH T.Deconstructing journalism culture:Toward a universal theory[J].Communication theory,2007,17(4):367-385.
⑤　HANITZSCH T.Deconstructing journalism culture:Toward a universal theory[J].Communication theory,2007,17(4):367-385.

类别将记者职业角色认知操作化。

表 4-2 记者职业角色认知量表

| 编号及题项 | 编制者及年份 |
|---|---|
| (1)对复杂问题提供分析和解释 | 约翰斯通等,1972① |
| (2)在第一时间传递新的信息 | |
| (3)阻止谣言、流言的散播 | |
| (4)报道最大多数群众感兴趣的新闻 | |
| (5)提高群众的知识与文化水平 | |
| (6)为群众提供娱乐休闲 | |
| (7)监督和批评工商界的言行 | 韦弗,威尔霍伊特,1991② |
| (8)监督和批评党政机关及其工作人员的言行 | |
| (9)准确客观地传达信息 | 魏申贝格等,1998③ |
| (10)呼吁大家关注和支持社会弱势团体 | |
| (11)传达群众的意见和呼声 | 罗文辉等,2004④ |
| (12)发起和参与社会改革 | |
| (13)引导公众舆论 | |
| (14)宣传党和政府的政策 | 拉马普拉萨德,2001⑤;拉马普拉萨德,凯利,2003⑥ |
| (15)传达政治领袖的正面形象 | |
| (16)为广告商提供良好的舆论环境 | 多兹,2002⑦ |
| (17)为报社创收 | 笔者,2015 |
| (18)对社会热点、民生话题等展开讨论 | |
| (19)为群众日常生活提供指导 | |

注:①JOHNSTONE J W C,SLAWSKIE J,BOWMAN W W.The professional values of American newsmen[J].Public opinion quarterly,1972,36(4):522-540.

②WEAVER D H,WILHOIT G C.The American journalist:a portrait of U.S.news people and their work[M].Bloomington:Indiana University Press,1991:104-145.

③ WEISCHENBERG S, LÖFFELHOLZ M, SCHOLL A. Journalism in Germany [M]//WEAVER D H.The global journalists:news people around the world.Cresskill: Hampton Press,1998:229-256.

④罗文辉,陈韬文,潘忠党,等.变迁中的大陆、香港、台湾新闻人员[M].台北:巨流图书公司,2004:159-208.

⑤RAMAPRASAD J.A profile of journalists in post-independence Tanzania[J].International communication gazette,2001,63(6):539-555.

⑥RAMAPRASAD J,KELLY J D.Reporting the news from the world's rooftop:a survey of Nepalese journalists[J].Gazette:the international journal for communication studies，2003，65(3)：291-315.

⑦DEUZE M.National news cultures:a comparison of Dutch,German,British,Australian,and U.S. journalists[J].Journalism & mass communication quarterly,2002,79(1)：134-149.

　　具体而言，本研究采用 5 级量表测量记者的职业角色认知。从 1 到 5，1 代表"非常不重要"，5 代表"非常重要"，受访者被要求报告其对于各项职能的态度。如表 4-2 所示，该量表共包括 19 个题项。其中，题项(1)、(2)、(3)、(9) 与"介入程度"这一类别有关，主要测量受访者对"传播""解释"角色的认知；题项(7)、(8)、(14)、(15)、(16)、(17)属于"与权力的关系"类别，主要测量受访者对"宣传""营利""监督"角色的认知；题项(4)、(5)、(6)以及(10)、(11)、(12)、(13)、(18)、(19)与"受众观"这一类别有关，主要测量记者对"民意鼓吹""文化娱乐""消费信息提供"角色的认知。

### 3.测量的信效度

　　核心量表编制完成后，笔者邀请 5 名省内外记者接受面对面或在线的深度访谈，对问卷的表面效度进行检验，包括评估问卷表述的简洁、清晰程度以及题项设计的合理性等。在访谈中，谈话伙伴对"基本工作情况"和"人口统计学变量"题项的范围及分类提出详细的修改意见，并就可能影响职业角色认知的因素表达自己的看法。基于深度访谈的结论，笔者对问卷内容进行了初步的调整。

　　接下来，采用 SPSS 19.0，检验问卷包含的核心量表的信效度(本章仅报告角色认知量表的检验结果)。根据国内学者时立文对测量工具信度检验的说明①，笔者采用主成分因子分析，发现在特征值大于 1、取消最小绝对值小于 0.5 的系数的情况下，"为群众日常生活提供指导""为报社创收"的变量共同度小于 0.5，"发起和参与社会改革"构成所在公因子的唯一题项，"为群众提供娱乐休闲"在两个公因子上的载荷皆高，故剔除题项(6)、(12)、(17)、(19)。对保留 15 个题项的量表再次进行探索性因子分析，结果显示 KMO 为 0.84(df=0.05，$p<0.001$)，所有题项的变量共同度均大于 0.5。在此基础上，对量表进行可靠性分析。结果显示，内部一致性系数达到 0.85，表明量表具有比较理想的信度。

---

　　① 时立文.SPSS 19.0 统计分析从入门到精通[M].北京:清华大学出版社,2012:346.

# 第三节　福建地方报业记者职业角色认知的基本情况

本次调查中,共有 233 名受访者报告自己的职业角色认知。在主成分因子分析中,职业角色认知量表的 15 个题项共析出 4 个因子,可以解释 62.91% 的变异量(见表 4-3)。

表 4-3　职业角色认知的探索性因子分析

| 角色 | | 均值 | 标准差 | 因子 | | | |
|---|---|---|---|---|---|---|---|
| | | | | 1 | 2 | 3 | 4 |
| 传播—解释 | 准确客观地传达信息 | 4.64 | 0.58 | 0.66 | | | |
| | 阻止谣言、流言的散播 | 4.52 | 0.60 | 0.81 | | | |
| | 传达群众的意见和呼声 | 4.38 | 0.63 | 0.70 | | | |
| | 对复杂的问题提供分析和解释 | 4.34 | 0.65 | 0.67 | | | |
| 服务—鼓吹 | 在第一时间传传递新的信息 | 4.33 | 0.78 | | 0.61 | | |
| | 对社会热点、民生话题等展开讨论 | 4.27 | 0.73 | | 0.59 | | |
| | 呼吁大家关注和支持社会弱势团体 | 4.25 | 0.72 | | 0.66 | | |
| | 报道最大多数群众感兴趣的新闻 | 4.09 | 0.84 | | 0.80 | | |
| | 引导公众舆论 | 3.91 | 0.98 | | 0.61 | | |
| 宣传—营利 | 宣传党和政府的政策 | 3.91 | 0.82 | | | 0.74 | |
| | 提升群众的知识与文化水平 | 3.74 | 0.99 | | | 0.62 | |
| | 传达政治领袖的正面形象 | 3.62 | 0.96 | | | 0.78 | |
| | 为广告商提供良好的舆论环境 | 3.05 | 1.10 | | | 0.69 | |
| 质疑—批评 | 监督党政机关及其工作人员的言行 | 3.96 | 0.85 | | | | 0.53 |
| | 监督工商界的言行 | 3.61 | 0.93 | | | | 0.53 |
| | 特征值 | | | 5.16 | 1.71 | 1.34 | 1.23 |
| | 解释变异量/% | | | 34.38 | 11.39 | 8.93 | 8.20 |
| | 信度系数 | | | 0.78 | 0.77 | 0.71 | 0.69 |

## 一、职业角色的构成

第一个因子包含 4 个题项,分别是(1)"对复杂的问题提供分析和解释""阻止谣言、流言的散播""准确客观地传达信息""传达群众的意见和呼声"。它反映记者对信息传播和解释角色的重视程度,故命名为"传播－解释"因子($\alpha=0.78$,特征值为 5.16,解释变异量为 34.38)。很明显,这一因子可以归入"介入程度"这一理论类别。与最初构想不同,题项(11)取代题项(2),可能因为"传达"二字被受访者理解为对社会现状的"客观再现",纳入"传播者"的职能范畴。

题项(2)在第一时间传递新的信息,(4)报道最大多数群众感兴趣的新闻,(10)呼吁大家关注和支持社会弱势团体,(13)引导公众舆论,(18)对社会热点、民生话题等展开讨论,构成第二个因子。前两个题项强调及时、有针对性地满足受众需求,后三个题项聚焦对市民社会的推动,均可归入"受众观"这一理论类别。它们反映记者对服务消费者、引导民意角色的重视程度,故命名为"服务－鼓吹"因子($\alpha=0.77$,特征值为 1.71,解释变异量为 11.39)。

第三个因子包含 4 个题项,分别是(5)提升群众的知识与文化水平、(14)宣传党和政府的政策、(15)传达政治领袖的正面形象、(16)为广告商提供良好的舆论环境。它反映记者对服务于政治和商业权力的角色的重视程度,被命名为"宣传－营利"因子($\alpha=0.71$,特征值为 1.34,解释变异量为 8.93),属于"与权力的关系"这一理论类别。不同于最初构想,题项(5)进入"宣传－营利"因子。中国的政治文化语境——提高群众知识文化水平曾长期作为党的宣传工作的一部分受到强调——是可能的原因之一。

题项(7)监督工商界的言行和题项(8)监督党政机关及其工作人员的言行,构成最后一个因子。它反映记者对守护公众利益的角色的重视程度,被命名为"质疑－批评"因子($\alpha=0.69$,特征值为 1.23,解释变异量为 8.20)。与"宣传－营利"因子一样,"质疑－批评"因子也归属于"与权力的关系"这一理论类别。

## 二、职业角色的重要性评价

从单个题项来看,受访者最重视的职业角色是"准确客观地传达信息"

（$M=4.64$，$SD=0.58$），"阻止谣言、流言的散播"（$M=4.52$，$SD=0.60$）和"传达群众的意见和呼声"（$M=4.38$，$SD=0.63$）。比对以往区域性和全国性调查研究的结果可知（见表 4-4），与国内其他地区的记者一样，福建地方报业记者也高度重视依据事实报道这一角色，但他们对阻止谣言散播和反映民意这两个角色的重视程度高于国内记者的整体情况。

表 4-4　本次调查与以往调查中最受重视的职业角色的比较

| 角色 | 本次调查 | 陆晔<br>（2003）[①] | 罗文辉等<br>（2004）[②] | 张志安、吴涛<br>（2014）[③] |
|---|---|---|---|---|
| 准确客观地传达信息 | 1/15 | 2/18 | 2/18 | 1/18 |
| 阻止谣言、流言的散播 | 2/15 | 5/18 | 4/18 | — |
| 传达群众的意见和呼声 | 3/15 | 6/18 | 5/18 | 7/18 |

注："-"表示测量过程中未设置相关题项。

①陆晔.新闻从业者的媒介角色认知——兼论舆论监督的记者主体作用[J].中国青年政治学院学报,2003,2(22):86-91.

②罗文辉,陈韬文,潘忠党,等.变迁中的大陆、香港、台湾新闻人员[M].台北:巨流图书公司,2004:159-208.

③张志安,吴涛."宣传者"与"监督者"的双重式微——中国新闻从业者媒介角色认知、变迁及影响因素[J].国际新闻界,2014(6):61-75.

本次调查中，受访者最不重视的角色分别是"传达政治领袖的正面形象"（$M=3.62$，$SD=0.96$），"监督工商界的言行"（$M=3.61$，$SD=0.93$）和"为广告商提供良好的舆论环境"（$M=3.05$，$SD=1.10$）。由于测量题项的不同，上述发现与以往调查研究的结果无法一一比对。从共同题项的排序可以推断（见表 4-5），包括福建省地方报业记者在内的国内记者均不太看重"质疑和批评工商界的言行"这一角色。

表 4-5　本次调查与以往调查中最不受重视的职业角色的比较

| 角色 | 本次调查 | 陆晔<br>（2003） | 罗文辉等<br>（2004） | 张志安、吴涛<br>（2014） |
|---|---|---|---|---|
| 为广告商提供良好的舆论环境 | 15/15 | — | — | — |
| 质疑和批评工商界的言行 | 14/15 | 15/18 | 17/18 | 13/18 |
| 传达政治领袖的正面形象 | 13/15 | — | — | 11/18 |

注："-"表示测量过程中未设置相关题项。

最后,从各因子来看(见表 4-6),受访者最认可的角色是"传播—解释"($M=4.47$,SD$=0.48$),其次是"服务—鼓吹"($M=4.17$,SD$=0.59$),再次是"质疑—批评"($M=3.79$,SD$=0.82$),最不认可的角色是"宣传—营利"($M=3.58$,SD$=0.72$)。

表 4-6　职业角色认知因子的均值和标准差

| 因子 | 均值 | 标准差 |
| --- | --- | --- |
| 传播—解释 | 4.47 | 0.48 |
| 服务—鼓吹 | 4.17 | 0.59 |
| 宣传—营利 | 3.58 | 0.72 |
| 质疑—批评 | 3.79 | 0.82 |

## 三、讨论与思考

调查显示,福建地方报业记者高度重视"传播—解释"角色,比较不看重"质疑—批评"角色。这是否印证了此前一些研究者的论断——国内记者的职业角色认知在"回归新闻本质"的同时呈现出"犬儒化倾向"[1]? 福建地方报业记者对"传播—解释"角色的体认,与 20 世纪 90 年代中期以来多次区域性和全国性新闻从业者调查的结果一致[2],可视为国内自改革开放以来新闻专业主义兴起的佐证。那么,福建地方报业记者对"质疑—批评"角色的重要性评价不高,是否意味着监督者角色的式微?

---

① 张志安,吴涛."宣传者"与"监督者"的双重式微——中国新闻从业者媒介角色认知、变迁及影响因素[J].国际新闻界,2014(6):61-75.

② 周裕琼.互联网使用对中国记者媒介角色认知的影响[J].新闻大学,2008(1):90-97;CHEN C S,ZHU J H,WU W.The Chinese journalist[M]//WEAVER D H.The global journalists:news people around the world.Cresskill:Hampton Press,1998:9-30;WILLNAT L,WEAVER D H,CHOI J Y.The global journalists in the twenty-first century [J].Journalism practice,2013,7(2):163-183.

　　21 世纪初,陆晔[①]和罗文辉等人[②]开展的随机抽样调查显示,质疑和批评政治、商业、社会团体的言行是国内记者最不重视的职业角色。潘忠党和陈韬文 2008 年的调查研究[③]也表明,记者对专业化新闻媒体(如《南方周末》)的正向评价和他们对监督者角色的重视程度之间无相关关系,赞同新闻专业主义理念并不意味着重视"监督"角色。在党的新闻意识形态主导下,媒体与政治权力之间从来都不是对立关系。学界对监督者角色的关注,更多反映转型期社会对新闻媒体功能的理想期待。福建地方报业记者不太重视"质疑－批评"角色,与其说是新闻实践犬儒化的症候,不如说是一以贯之的新闻意识形态与个体观念接合的产物。未来研究有必要关注监督者角色的认知现状对新闻生产的影响,并聚焦于在社会期望与个体认知错位的情况下的新闻实践以及记者降低认知不协调、将自身行为合法化的话语策略。

　　整体来看,福建地方报业记者比较重视"服务－鼓吹"角色,这与报业的市场化改革(尤其是都市报的兴起)密不可分。媒体改革不断推进,促成国内记者从党的宣传工作者向党和人民的服务者转变[④]。20 世纪 90 年代中期以来,各地的党委机关报主要承担"喉舌"职能,都市报则主要迎合市场需求,注重通过软性、煽情的新闻[⑤]为读者提供信息娱乐和生活服务,通过聚焦民生议题的调查性报道[⑥]来反映和解决社会问题。本次调查中,约 2/3 的受访者来自都市报,这可以解释"服务－鼓吹"角色为何得到强调。

---

　　① 陆晔.新闻从业者的媒介角色认知——兼论舆论监督的记者主体作用[J].中国青年政治学院学报,2003,2(22):86-91.

　　② 罗文辉,陈涛文,潘忠党,等.变迁中的大陆、香港、台湾新闻人员[M].台北:巨流图书公司,2004:187-189.

　　③ PAN Z D,CHAN J M.Shifing journalistic paradigms:how China's journalists assess "media exemplars"[J].Communication research,2003,30(6):649-682.

　　④ POLUMBAUM J.The tribulations of China's journalists after a decade of reform [M]//LEE C C.Voices of China:the interplay of politics and journalism.New York:Guilford,1990:33-68.

　　⑤ ZHAO Y Z.Toward a propaganda/commercial model of journalism in China? The case of the Beijing Youth News[J].International communication gazette,1996,58(3):143-157.

　　⑥ 段勃.中国调查性报道的发展趋势[J].当代传播,2006(1):98-100.

　　在过去相当长时期内，提供生活消遣、信息和建议的"服务新闻"①和协调公共生活、维护社会和谐②的本土化的"公共新闻"③大行其道，帮助国内报业吸引了大量读者，赚取了可观的经济利润。近年来，报业进入"寒冬"，读者流失严重。既有研究表明，记者的职业角色认知在很大程度上受组织因素的影响④。如果读者市场继续萎缩，营收水平持续下降，服务新闻、公共新闻在媒体内容中的比重是否会增加，继而影响记者对"服务－鼓吹"角色的认知，有待后续研究的跟进。

　　本次调查还显示，福建地方报业记者最不看重"宣传－营利"角色。在以往的调查研究中，宣传者通常是受访者最不重视的职业角色⑤，但有关营利者的重要性评价却呈现为两极——在一些调查中是受访者最看重的角色⑥，在

　　① EIDE M,KNIGHT G.Public/private service:service journalism and the problems of everyday life[J].European journal of communication,1999,14(4):525-547.
　　② 高春梅.公共新闻与和谐社会的构建——以江苏卫视《1860新闻眼》为例[J].新闻三观,2005(9):50-51.
　　③ ROSEN J.Public journalism:a case for scholarship[J].Change,1995,27(3):34-38.
　　④ 罗文辉,陈涛文,潘忠党,等.变迁中的大陆、香港、台湾新闻人员[M].台北:巨流图书公司,2004:159-208;张志安,沈菲.媒介环境与组织控制:调查记者的媒介角色认知及影响因素(上)[J].现代传播,2012(9):39-45;苏林森.宣传者、营利者和传播者:中国新闻从业者的角色认知[J].国际新闻界,2012(8):33-38,102;陶建杰,张志安.网络新闻从业者的媒介角色认知及影响因素——上海地区调查报告之三[J].新闻记者,2014(2):63-68;HANITZSCH T.Mapping journalism culture:a theoretical taxonomy and case studies from Indonesia[J].Asian journal of communication,2006,16(2):169-186;HANITZSCH T.Populist disseminators,detached watchdogs,critical change agents and opportunist facilitators:professional milieus,the journalistic field and autonomy in 18 countries[J].International communication gazette,2011,73(6):477-494;ABDENOUR J,RIFFE D.The investigative DNA:role conceptions of local television investigative journalists[J].Electronic news,2016,10(4):224-242.
　　⑤ 张志安,沈菲.媒介环境与组织控制:调查记者的媒介角色认知及影响因素(上)[J].现代传播,2012(9):39-45;苏林森.宣传者、营利者和传播者:中国新闻从业者的角色认知[J].国际新闻界,2012(8):33-38,102;陶建杰,张志安.网络新闻从业者的媒介角色认知及影响因素——上海地区调查报告之三[J].新闻记者,2014(2):63-68.
　　⑥ 苏林森.宣传者、营利者和传播者:中国新闻从业者的角色认知[J].国际新闻界,2012(8):33-38,102.

另一些调查中是受访者最不重视的职业角色①。概念操作化方法的不同——从个体谋生或组织逐利的角度切入,在很大程度上可解释上述差异。本研究再次证明,记者不看重新闻媒体的"喉舌"功能,更不赞成以社会责任为代价追逐利润,沦为营利的工具。

尽管如此,必须看到,福建地方报业记者对"宣传-营利"角色的较低评价,并不意味着他们在实际的新闻工作中会轻视这类角色。当前,国内报业,尤其是地方报业的广告和发行收入呈断崖式下滑态势,对政府财政支持的依赖可能加剧。营收来源的改变是否影响报业的角色定位进而作用于记者对"宣传-营利"角色的认知,同样有待进一步研究来确认。

---

① 陶建杰,张志安.网络新闻从业者的媒介角色认知及影响因素——上海地区调查报告之三[J].新闻记者,2014(2):63-68.

# 第五章　福建地方报业记者的 职业角色行为

　　本章关注记者职业角色的另一重要维度——角色行为。第四章已详尽解释选择福建地方报业记者作为研究对象的原因,这一章主要从四方面展开:首先,回顾历史研究中职业角色行为的测量方法;其次,介绍本研究所用方法的操作流程;再次,揭示关于福建地方报业记者职业角色行为的研究发现;最后,对比第四章有关角色认知的结论,剖析福建地方报业记者的新闻观念与实践之间的关系。

## 第一节　职业角色行为测量的理论模型

　　近十年来,关于记者职业角色行为的研究大多采用量化研究方法,尤其是内容分析法。内容分析法对传播符号进行系统、可重复的考察,"以便对传播做出描述,对其意义做出推论,或者从传播推论它在生产和消费两方面的背景"[①],该方法尤其适用于媒体方面的研究,可以回答此类研究中的经典问题——谁说了什么、对谁说、为什么说、如何说以及产生什么影响[②]。采用内容分析法测量记者职业角色行为的研究最初聚焦政治新闻,之后逐渐拓展至其他类型的新闻,致力于探索适用于不同新闻文化语境的理论模型。

---

　　① 里夫,赖斯,菲克.内容分析法——媒介信息量化研究技巧[M].嵇美云,译.北京:清华大学出版社,2010:25.
　　② 巴比.社会研究方法[M].邱泽奇,译.北京:华夏出版社,2005:306.

## 一、基于认知构念框架的测量

以认知的构念框架为基础将行为操作化,是近年来国外研究者在测量新闻文本中的职业角色时惯常采用的思路。其中,多数研究致力于分析新闻生产中的话语和文本内容,以考察时政记者的职业角色实践。例如,达伦等人以丹麦、德国、英国和西班牙的八份全国性精英大报的政治报道为分析对象,从三个维度测量时政记者的角色行为:(1)实用或神圣倾向,表现为政治报道在头版所占的比重以及采用冲突、游戏框架的频次;(2)有无党派性,表现为引用政府及政党成员言论的频次和论调;(3)提供信息或娱乐,表现为聚焦政治丑闻和政客私生活的程度[①]。埃里克森和奥斯特曼将瑞典时政记者对"看门狗"角色的实践操作化为"侵略性"这一构念,从"明确发问""提出质疑"和"要求解释"三个维度考察发布会提问环节中的角色行为,并基于情境适用性的考虑,单独选取"提出质疑"这一维度考察政治报道中的角色行为[②]。小坦多克等人则借鉴职业角色认知的测量方法,考察华盛顿地区的时政记者关于传播者、调查者、动员者以及对立者四种角色的新闻实践[③]。

## 二、职业角色行为的多维度模型

不同于小坦多克等人的研究,由拉美新闻学者梅拉多发起并开展的系列研究将目光转向日常性、多领域的新闻实践,尝试探索可涵盖各类职业角色行为、应用于不同新闻文化语境的测量方法。这一思路主要受多方面的启发:东斯巴赫对"看门狗"和"哈巴狗"角色的区分[④];东斯巴赫和帕特森关于记者角

---

① DALEN A V, VREESE C H D, ALBAK E. Different roles, different content? A four-country comparison of the role conceptions and reporting style of political journalists [J]. Journalism, 2012, 13(7):903-922.

② ERIKSSON G, ÖSTMAN J. Cooperative or adversarial? Journalists' enactment of the watchdog function in political news production[J]. The international journal of press/politics, 2013, 18(3):304-324.

③ TANDOC E C Jr, HELLMUELLER L, VOS T P. Mind the gap: between journalistic role conception and role enactment[J]. Journalism practice, 2013, 7(5):539-554.

④ DONSBACH W. Lapdogs, watchdogs, and junkyard dogs [J]. Media studies journal, 1995, 9(4):17-30.

色认知模型的论述——该模型包含"被动-主动"以及"中立-倡导"两个分析维度，分别涉及记者独立于新闻报道利益相关者的程度和记者在特定议题上持个人立场的程度①；阿特金森对记者行为标准的分类——服务于公民、将商品推销给目标市场、提供娱乐与消遣②；以及哈尼奇在若干文章中论及的机构角色的三个维度——干预主义、权力距离和市场导向③。这些研究为梅拉多的探索提供了起点。

2013年，梅拉多首次提出测量记者职业角色行为的多维度模型并检验模型中部分维度的拟合度；翌年，她将这一模型用于对智利全国性报业记者的职业角色行为的内容分析④以及另一项职业角色认知－行为的比较研究⑤。2015年，梅拉多经过细致的文献爬梳指出，可以从"记者声音""权力关系"和"受众观"三个角度测量记者职业角色行为，其模型共包含6个维度43项指标（详见表5-1）。其中，"干预主义"指记者在报道中加入自己的声音；"看门狗"指记者监督政治、经济和社会文化权力并揭露其不当行为，"忠诚－促进"指记者顺从政治、经济和社会文化权力并为之服务；"公民导向"指记者鼓励市民参与公共讨论，参与社会、政治和文化生活，"服务"指记者为受众提供商品服务方面的信息、知识和建议，"信息娱乐"指记者为受众提供娱乐消遣⑥。

---

① DONSBACH W,PATTERSON T.Political news journalists：partisanship，profes-sionalism，and political roles in five countries[M]//ESSER F,PFETSCH B.Comparing po-litical communication：theories，cases，and challenges. Cambridge：Cambridge University Press,2004：251-270.

② ATKINSON J.Performance journalism：a three-template model of television news [J].The international journal of press/politics,2011,16(1)：102-129.

③ HANITZSCH T.Deconstructing journalism culture：toward a universal theory[J]. Communication theory，2007，17（4）：367-385；HANITZSCH T，HANUSCH F，MELLADO C,et al.Mapping journalism cultures across nations：a comparative study of 18 countries[J].Journalism studies,2011,12(3)：273-293.

④ MELLADO C,LAGOS C.Professional roles in news content：analyzing journalistic performance in the Chilean national press[J].International journal of communication,2015，16(4)：596-614.

⑤ MELLADO C,VAN DALEN A.Between rhetoric and practice：explaining the gap between role conception and performance in journalism[J].Journalism studies,2014,15(6)：859-878.

⑥ MELLADO C.Professional roles in news content[J].Journalism studies,2015,16 (4)：596-614.

**表 5-1 职业角色行为的多维度模型**

| 记者声音 | 权力关系 | | 受众观 | | |
|---|---|---|---|---|---|
| 干预主义 | 看门狗 | 忠诚—促进 | 服务 | 信息娱乐 | 公民导向 |
| 记者观点<br>解释<br>建议<br>形容词<br>第一人称 | 记者质疑<br>信源质疑<br>记者批评<br>信源批评<br>记者谴责<br>信源谴责<br>冲突<br>报道审判过程<br>调查报道<br>外部调查 | 支持机构活动<br>推进国家、地区政策<br>政界精英正面形象<br>商界精英正面形象<br>强调国家的进步<br>比较本(他)国/地区<br>强调国家的成就<br>提升国家形象<br>爱国主义 | 对日常生活的影响<br>问题建议<br>风险防范建议<br>消费建议 | 个人化<br>私生活<br>耸人听闻<br>丑闻<br>情绪<br>病态 | 公民视角<br>公民需求<br>公民的问题<br>公民的信誉<br>支持公民运动<br>权责教育<br>背景信息<br>公民活动信息<br>对本地的影响 |

梅拉多提出的这一模型在两方面印证了前人的研究发现:"中立"和"倡导"是同一维度的两端,记者扮演传播者的机会越多,他们在报道中表达自己声音的可能性就越低;"看门狗"与"忠诚—促进"是两个相对独立的维度,记者在报道中较少监督政治、经济、社会文化权力并不必然意味着他们更喜欢"忠诚—促进"这一角色。与此同时,梅拉多的记者职业角色行为模型强调"服务""信息娱乐"和"公民"三个维度之间的并存关系,挑战了学界对记者与受众关系的传统认知——"记者—消费者"与"记者—公民"的关系在此前的理论探讨和实证研究中被设想为相互排斥或此消彼长——从而更适应当下迭代更新的媒体生态。

迄今为止,梅拉多等人已初步检验了记者职业角色行为模型在以智利为代表的拉美国家新闻文化语境下的适用性。上述六个维度的全部或部分指标在其中一些研究中被完整采用并呈现出理想的模型拟合度[①]。这意味着该模型已具备应用于其他国家或地区的类似研究的基础。不过,在梅拉多等人展开的另一些研究中,模型的指标有所调整。2014 年,基于探索性因子分析的结果,梅拉多和拉戈斯剔除了"看门狗"维度下的"冲突"和"调查报道","信息

---

① MELLADO C, MÁRQUEZ-RAMÍREZ C, MICK J, et al. Journalistic performance in Latin America: a comparative study of professional roles in news content[J]. Journalism, 2017, 18(9): 1087-1106; HALLIN D C, MELLADO C. Serving consumers, citizens, or elites: democratic roles of journalism in Chilean newspapers and television news[J]. The international journal of press/politics, 2018, 23(1): 24-43.

娱乐"维度下的"丑闻",以及"公民"维度下的"公民的问题""支持公民运动"和"权责教育"这六项指标,最终保留模型中的 37 项指标[①]。2017 年,在检验"受众观"视角下的三维模型的研究中,梅拉多与梵·达伦剔除了"对日常生活的影响""丑闻""公民的问题""支持公民运动""权责教育"这五项指标,最终保留14 项指标[②]。未来,提高各维度的内部效度,是将梅拉多的职业角色行为模型应用于其他国家或地区的记者(尤其是具有不同类型新闻文化的国家或地区的记者)时尤其需要关注的问题。

# 第二节　内容分析样本的选取、类目建构与编码

与既有文献一样,本研究亦采用内容分析法,旨在了解福建地方报业记者在新闻文本中究竟说了什么。具体而言,主要考察以下两项内容:(1)近年来,福建地方报业记者在实际的新闻报道中承担的职业角色。(2)其职业角色行为是否具有稳定性和连贯性?

## 一、样本的选取

与前述调查一样,本研究亦聚焦厦门、福州、泉州三地的报业。首先,从各地分别选择一家市级的报业;然后,从每一家报业各选取两份市场占有率最高的综合性报纸,即一份党委机关报、一份都市报。最终,厦门日报社、福州日报社与泉州晚报社旗下的 6 份综合性报纸——《厦门日报》《厦门晚报》《福州日报》《福州晚报》《泉州晚报》《东南早报》构成本研究的分析案例。

本书考察福建地方报业记者的职业角色行为,故在内容分析过程中仅聚

---

① MELLADO C,LAGOS C.Professional roles in news content:analyzing journalistic performance in the Chilean national press[J].International journal of communication,2015,16(4):596-614.

② MELLADO C,DALEN A V.Challenging the citizen-consumer journalistic dichotomy:a news content analysis of audience approaches in Chile[J].Journalism & mass communication quarterly,2017,94(1):213-237.

焦报纸版面中的新闻报道,新闻评论、副刊等其内容不纳入考察。在新闻报道中,仅分析篇首或文末明确标示由"本报记者"采写的新闻报道,报纸转载的国内或国际新闻报道不纳入本研究的分析范畴。

为了便于与前期调查结果展开共时性比较,进一步揭示和描摹福建地方报业记者职业角色行为的历时性变迁,本研究选取 2015—2017 年上述 6 份报纸的自采新闻报道作为分析对象。鉴于"一个构造周足以预测总体均值"[①],笔者采用简单随机抽样的方法,从每一年抽取 1 个结构周,共计 3 周的新闻报道。最终获得 4 058 则新闻报道,构成本研究的样本(详见表5-2)。

表 5-2　内容分析的样本来源

| 报纸名称 | 第 1 个结构周 | 第 2 个结构周 | 第 3 个结构周 | 总计 |
|---|---|---|---|---|
| 厦门日报 | 355 | 342 | 306 | 1 003 |
| 厦门晚报 | 226 | 237 | 185 | 648 |
| 福州日报 | 229 | 186 | 142 | 557 |
| 福州晚报 | 225 | 222 | 148 | 595 |
| 泉州晚报 | 202 | 309 | 169 | 680 |
| 东南早报 | 206 | 229 | 140 | 575 |
| 总计 | 1 443 | 1 525 | 1 090 | 4 058 |

## 二、类目的建构

鉴于国内独特的制度环境和新闻文化,本书借鉴并简化梅拉多等人开发的指标体系,选取其中 22 项指标来考察福建地方报业记者的职业角色行为,即记者承担的职业角色转化为新闻文本特定的报道风格和写作特征的程度。具体而言,"记者观点""解释""建议"以及"第一人称"用于考察记者承担传播—解释者角色的程度;"司法行政信息""记者质疑""记者批评"和"外部调查"考察记者承担批评—质疑者角色的程度;"支持政府""支持企业""政界精英的

---

① 里夫,赖斯,菲克.内容分析法——媒介信息量化研究技巧[M].嵇美云,译.北京:清华大学出版社,2010:115.

正面形象""商界精英的正面形象""国家进步"和"提升国家形象"考察记者承担宣传－营利者角色的程度;"问题建议"和"消费建议"考察记者承担服务者角色的程度;"私人化""情绪"和"病态"考察记者承担娱乐者角色的程度;"公民视角""公民需求"和"公民活动信息"考察记者承担鼓吹者角色的程度(详见表5-3)。以上所有类目在测量过程中均被操作化为是非题,仅涉及"是"或"否"的判断,即新闻文本中是否包含题项所描述的报道风格或写作特征。

表 5-3　核心类目的操作定义

| 类目 | | 操作定义 |
| --- | --- | --- |
| 传播－解释 | 记者观点 | 记者在文中就任意现象做出正面或负面评价,明确表达其立场 |
| | 解释 | 记者分析文中所涉现象或行为产生的原因或暗示其可能带来的影响 |
| | 建议 | 记者在文中明确表示所涉事件或议题需要做出改变 |
| | 第一人称 | 记者在文中明确使用"我""我们""我的""我们的" |
| 质疑－批评 | 司法、行政信息 | 文中包含了政府、政党、商业精英等接受司法审查或行政处理的信息 |
| | 记者质疑 | 记者在文中质疑政府、政党、商业精英等言行的真实性 |
| | 记者批评 | 记者在文中批评政府、政党、商业精英等的言行 |
| | 外部调查 | 记者在文中转述非新闻性组织对政府、政党、商业精英等的调查结果 |
| 宣传－营利 | 支持政府活动和政策 | 记者在文中赞扬政策或由政府开展的官方活动 |
| | 支持企业活动 | 记者在文中赞扬企业开展的官方活动 |
| | 政界精英正面形象 | 记者在文中强调、突出政治领袖的领导、管理能力、个性特征等 |
| | 商界精英正面形象 | 记者在文中强调、突出商界领袖的领导、管理能力、个性特征等 |
| | 国家进步 | 记者在文中强调国家取得的成就(发展、优势、获奖等) |
| | 提升国家形象 | 记者在文中提及那些致力于提升国家形象的活动,如国际海洋周、金砖等 |
| 服务 | 问题建议 | 记者在文中提供实践层面上的建议,帮助读者解决日常生活中碰到的问题 |
| | 消费建议 | 记者在文中告知最新的产品和服务,帮助读者甄别其质量,做出明智的购买决策 |

续表

| | 类目 | 操作定义 |
|---|---|---|
| 娱乐 | 私人化 | 记者在文中提及个人特征(学历、精神状态、财力等)及私生活 |
| | 情绪 | 记者在文中描述当事人的情绪 |
| | 病态 | 记者在文中描述暴力、犯罪、性的细节 |
| 鼓吹 | 公民视角 | 记者在文中提及普通公民对政治举措的看法 |
| | 公民需求 | 记者在文中提及普通公民在政治举措方面的要求或建议 |
| | 公民活动信息 | 记者在文中提供有关公民行为,如宣传活动、抗议、请愿的信息 |

## 三、编码及其信度

2018 年 2 月,完成类目建构后,两位研究助理接受了编码培训,随后从样本中随机抽取 88 则新闻报道展开预编码。依据其结果,编码指南得以修正和完善。在进一步细化操作定义并提供范例的前提下,2018 年 11 月,研究助理就随机抽取的另外 50 则新闻报道进行第二轮预编码。使用 ReCal 进行的编码员信度检验结果[①]显示,单个题项的一致性水平范围为 66%～100%,总体的一致性水平达到 93%,编码员信度理想。2019 年 1 月至 7 月,按照修正后的指南,研究助理完成对全部样本的编码。

# 第三节　福建地方报业记者职业
# 角色行为的基本情况

本节借鉴梅拉多的方法,计算各维度的原始分来确认不同类型职业角色存在于新闻报道中的程度。具体而言,先统计各项指标的得分;然后,将同一维度下的指标得分加总并计算平均值,获得维度得分(取值在 0～1)。

---

① FREELON D.ReCal OIR:ordinal,interval,and ratio intercoder reliability as a web service[J].International journal of internet science,2013,8(1):10-16.

# 一、职业角色行为的共时性描述

数据分析结果显示（见表5-4），相对于主动介入，新闻报道中的记者更倾向于扮演中立、非介入性的角色（$M=0.30,SD=0.21$）。只有0.7%的报道包含"所涉事件或议题需要做出改变"的表述，19.9%的报道在叙述过程中使用第一人称。同样，记者在文中就任意现象做出正面或负面评价的报道只占全部样本的38%，绝大多数报道未见记者明确表达立场。相对而言，"解释"是"传播－解释"角色行为最常见的特征——62.2%的报道明确提及"所涉现象和行为产生的原因或暗示其可能带来的影响"。

进入分析的4 058则新闻报道中，没有一篇质疑政界或商界精英言行的真实性或对其言行提出批评，仅有0.8%的报道涉及政府、政党、商业精英等接受司法审查或行政处理的信息，0.5%的报道转述行政机关、专业研究机构等非新闻性组织对政府、政党、商业精英等的调查结果。总体看，记者在新闻报道中鲜少承担"质疑－批评"角色（$M=0.00,SD=0.03$）。

表 5-4　历年新闻报道中的职业角色

| 类目 | 2015 年 | 2016 年 | 2017 年 | 总计 |
| --- | --- | --- | --- | --- |
| **传播－解释** | 0.30/0.21 | 0.30/0.21 | 0.32/0.21 | 0.30/0.21 |
| 记者观点 | 37.9% | 39.4% | 36.4% | 38.0% |
| 解释 | 60.0% | 59.9% | 68.4% | 62.2% |
| 建议 | 0.8% | 0.7% | 0.6% | 0.7% |
| 第一人称 | 19.3% | 18.8% | 22.4% | 19.9% |
| **质疑－批评** | 0.01/0.04 | 0.00/0.03 | 0.00/0.02 | 0.00/0.03 |
| 司法、行政信息 | 1.1% | 0.7% | 0.4% | 0.8% |
| 记者质疑 | 0.0% | 0.0% | 0.0% | 0.0% |
| 记者批评 | 0.0% | 0.0% | 0.0% | 0.0% |
| 外部调查 | 1.1% | 0.3% | 0.2% | 0.5% |
| **宣传－营利** | 0.05/0.09 | 0.06/0.09 | 0.06/0.10 | 0.06/0.09 |
| 支持政府活动和政策 | 17.0% | 19.9% | 19.6% | 18.9% |
| 支持企业活动 | 10.0% | 9.6% | 9.9% | 9.8% |
| 政界精英正面形象 | 2.1% | 2.2% | 2.6% | 2.6% |
| 商界精英正面形象 | 0.8% | 1.2% | 1.3% | 1.1% |

续表

| 类目 | 2015 年 | 2016 年 | 2017 年 | 总计 |
|---|---|---|---|---|
| 国家进步 | 0.6% | 0.5% | 0.8% | 0.6% |
| 提升国家形象 | 0.0% | 0.5% | 0.7% | 0.4% |
| **服务** | 0.13/0.23 | 0.12/0.22 | 0.11/0.21 | 0.12/0.22 |
| 问题建议 | 13.2% | 13.6% | 10.7% | 12.7% |
| 消费建议 | 13.3% | 9.5% | 11.2% | 11.3% |
| **娱乐** | 0.04/0.13 | 0.05/0.15 | 0.03/0.12 | 0.04/0.13 |
| 私人化 | 3.5% | 6.3% | 5.1% | 5.0% |
| 情绪 | 6.1% | 7.3% | 5.0% | 6.3% |
| 病态 | 1.6% | 0.9% | 0.2% | 0.9% |
| **鼓吹** | 0.00/0.02 | 0.00/0.01 | 0.00/0.02 | 0.00/0.02 |
| 公民视角 | 0.1% | 0.1% | 0.2% | 0.1% |
| 公民需求 | 0.1% | 0.1% | 0.1% | 0.1% |
| 公民活动信息 | 0.1% | 0.0% | 0.2% | 0.1% |

相比较而言，"宣传－营利"角色出现得更频繁一些（$M=0.06$，$SD=0.09$）。18.9% 的报道包含对政策或由政府开展的官方活动的支持和肯定，2.6% 的报道突出政界精英的正面形象；另有 9.8% 的报道包含对企业活动的支持和肯定，1.1% 的报道突出商界精英的正面形象。强调国家取得的成就或聚焦改善国家形象的活动的报道比较有限（其比例分别是 0.6% 和 0.4%），这可能与研究个案作为地方报的定位有关。

"服务"是本次分析中另一常见角色（$M=0.12$，$SD=0.22$）。这一维度下的两项指标——问题建议（12.7%）和消费建议（11.3%）在新闻报道中都出现得比较频繁。此外，也有一定比例的样本包含娱乐角色（$M=0.04$，$SD=0.13$）。其中，5.0% 的样本提及当事人的个人特征及私生活，6.3% 的样本描述当事人的情绪；展现暴力、犯罪、性的细节的样本比例较低，仅占 0.9%。相比较而言，"鼓吹"角色在分析中极为少见（$M=0.00$，$SD=0.02$），分别仅有 0.1% 的样本提及普通公民对政治举措的看法，呈现普通公民在政治举措方面的要求或建议以及报道有关公民行为的信息。

整体来看，"传播－解释"是福建地方报业记者在新闻报道中最常扮演的角色，其次是"服务"角色，接下来依次是"宣传－营利"角色和"娱乐"角色。"批评－质疑"角色和"鼓吹"角色在样本中占比较低，是记者们最少扮演的两种角色。这一排序与王海燕等人对《人民日报》《中国青年报》《南方都市报》《新民晚报》《成都商报》上 3 624 则全国性报道所进行的内容分析的结论相似。后者也发现,"传播－解释"角色出现最频繁,"鼓吹"角色最少见,"娱乐"角色、"宣传－营利"角色、"批评－质疑"角色和"服务"角色介于两端之间,出现频率呈递减态势[①]。

## 二、职业角色行为的历时性变迁

从历年分布看(见表 5-4),"传播－解释"角色和"宣传－营利"角色呈现增长趋势,"质疑－批评"和"服务"角色呈现下降趋势;"娱乐"角色时有增减,"鼓吹"角色始终保持低位。为了考察福建地方报业记者的职业角色转型,本书的研究采用方差分析方法,检验各维度的职业角色行为在不同年份间的差异。结果显示,除了鼓吹者角色差异不显著外,不同年份的新闻报道在"传播－解释"角色($F=5.14$,df$=2$,$p<0.01$)、"批评－质疑"角色($F=5.88$,df$=2$,$p<0.01$)、"宣传－营利"角色($F=3.60$,df$=2$,$p<0.01$)、"服务"角色($F=3.70$,df$=2$,$p<0.01$)以及"娱乐"角色($F=4.43$,df$=2$,$p<0.01$)上均存在显著差异。

尽管如此,进一步计算显示,年份在"传播－解释"角色($\eta_2=0.003$)、"批评－质疑"角色($\eta_2=0.003$)、"宣传－营利"角色($\eta_2=0.002$)、"服务"角色($\eta_2=0.002$)以及"娱乐"角色($\eta_2=0.002$)上的效应量偏小,解释力有限。因此,有必要引入更多变量解释福建地方报业记者职业角色行为的变异。

## 第四节　从观念到实践:比较与讨论

经由内容分析回答前面提出的两个研究问题之后,本节将进一步比较观念层面的职业角色认同,即第四章考察的职业角色认知,与实践层面的角色认同,即本章测量的职业角色行为之间的异同。

---

① WANG H Y,SPARKS C,LÜ N,et al. Differences within the mainland Chinese press:a quantitative analysis[J].Asian journal of communication,2017,27(2):154-171.

# 一、职业角色认知与行为的计分机制

一般而论,群体观念具有较强的稳定性,不易发生急遽变化。据此可以推断,第四章报告的职业角色认知调查的结果在之后两年内的预测效力不会明显衰减,其与样本跨度三年的职业角色行为分析的结果具有一定的可比性。由于福建地方报业记者职业角色认知调查以及有关该群体职业角色行为的内容分析原本是两项独立的研究,核心变量的操作化方法并不完全一致,二者的比较更多聚焦不同职业角色的排序而非实际分值。为便于比较,下文仅选取两项研究中的相似题项,析出"传播""解释""批评－质疑""宣传""营利""服务""娱乐"和"鼓吹"八类角色(见表5-5)。

在职业角色认知这一端,传播者角色的分值源自"准确客观地传达信息""阻止谣言、流言的散播"和"传达群众的意见和呼声"三个题项;解释者角色的分值源自"对复杂的问题提供分析和解释"这一题项;"监督党政机关及其工作人员的言行"和"监督工商界的言行"两项贡献批评－质疑者角色的分值;"宣传党和政府的政策"和"传达政治领袖的正面形象"两项贡献宣传者角色的分值;"为广告商提供良好的舆论环境"一项贡献营利者角色的分值;服务者角色的分值源自"在第一时间传传递新的信息"和"报道最大多数群众感兴趣的新闻"这两个题项;鼓吹者角色的分值源自"对社会热点、民生话题等展开讨论""呼吁大家关注和支持社会弱势团体"以及"引导公众舆论"三项。娱乐者角色对应的题项——"为群众提供娱乐休闲"在量表的效度检验中被剔除,表5-5将其加入,以供横向比对。

表 5-5 观念－实践层面职业角色的排序

| 排序 | 角色认知(均值) | 角色行为(均值) |
|---|---|---|
| 1 | 传播(4.51) | 传播(0.70) |
| 2 | 解释(4.34) | 解释(0.60) |
| 3 | 服务(4.21) | 服务(0.12) |
| 4 | 鼓吹(4.14) | 宣传(0.11) |
| 5 | 质疑－批评(3.79) | 营利(0.05) |
| 6 | 宣传(3.77) | 娱乐(0.04) |
| 7 | 娱乐(3.44) | 质疑－批评(0.00) |
| 8 | 营利(3.09) | 鼓吹(0.00) |

就职业角色行为而言，质疑－批评者、服务者、娱乐者、鼓吹者角色的分值保持不变。传播与解释者角色构成同一连续统的两端，该维度得分越高，表示记者承担的职业角色越积极主动，反之则越疏离、被动。用"1"减去维度得分，获得传播者角色的分值；原维度中"解释"这一指标的得分被粗略等同于解释者角色的分值。另外，宣传者角色的分值为"支持政府活动和政策"和"突出政界精英正面形象"两项指标的加总；营利者角色的分值为"支持企业活动"和"突出商界精英正面形象"两项指标的加总。

## 二、职业角色认知与行为的异同

将职业角色认知与行为的排序进行比较可以发现，在"传播""解释""服务""娱乐"这四类角色上，福建地方报业记者的认知与行为具有一致性。一方面，"传播""解释""服务"是福建地方报业记者最重视的三类角色。在这一群体看来，中立、非介入性地记录事实是记者首要的职业角色，其次是提供对复杂问题的原因、影响等的解释，然后是为消费者提供有用的产品和服务信息。以上立场清晰地体现在现实的新闻报道中。另一方面，无论是在观念层面还是实践层面上，福建地方报业记者都不太重视"娱乐"角色。

就其他四类角色而言，福建地方报业记者的认知与行为存在明显差异：记者比较看重的"鼓吹"（4/8）和"批评－质疑"角色（5/8），在现实的新闻实践中分别排在第八和第七，记者相对不那么重视的"宣传"（6/8）和"营利"角色（8/8）在新闻报道中频繁出现，排序分别是第四和第五。这表明，在实际的新闻实践中，福建地方报业记者常常需要折衷，很难实现知行合一。

## 三、总结与讨论

本研究发现，无论在观念层面或实践层面，记者最认同的角色都是"传播－解释"，与另一项比较国外记者职业角色认知与行为的既有研究的结论一致，即小坦多克等人以华盛顿地区的美国以及外国媒体通讯员为对象的分析显示，"传播－解释"既是受访者最看重的角色，也是他们在实际的新闻实践中承担得最多的角色①。这印证了强调客观性和社会责任的新闻文化在全球范围内的主导地位。

另一与既有研究②一致的发现,是记者重视的"鼓吹"和"批评—质疑"角色与实践有落差。这一趋势很容易被简单归因于地域性的政治体制和新闻审查制度。梅拉多等人在2017年开展的记者职业角色行为的跨国比较研究显示,即使是在欧美发达国家,如瑞士、德国、西班牙,"鼓吹"也是记者较少承担的角色(排序分别是5/6、4/6、4/6);另外,很多民主转型国家的记者甚少承担批评—质疑者角色,如厄瓜多尔(6/6)、智利(5/6)、马来西亚(5/6)③。因此,在采用传统的理论框架(如制度、组织和个体因素)解释前述落差的同时,有必要重新审视在地新闻语境,尤其是社会发展需求(如社会变革或改良)对新闻媒体和记者的日常实践的影响。

宣传者与营利者角色在实践环节的优先地位,表明观念的变迁并不足以减少制度的惯性和组织的影响。自20世纪90年代第四次新闻改革④以来,遵循客观性法则的新闻专业主义⑤或许在记者的观念层面上留下烙印,然则一方面,在"党管媒体"的制度安排下,新闻业作为党的喉舌的性质始终不变,其市场化改革和日常新闻实践必须服务于政治、经济体制改革的阶段性目标⑥;另一方面,伴随媒体的市场化改革,商业利润的最大化已然成为新闻业的主导目标之一,一线记者的日常新闻实践时常需要兼顾市场需求⑦。认知

① TANDOC E C Jr, HELLMUELLER L, VOS T P. Mind the gap: between journalistic role conception and role enactment[J]. Journalism practice, 2013, 7(5): 539-554.

② MELLADO C, DALEN A V. Challenging the citizen-consumer journalistic dichotomy: a news content analysis of audience approaches in Chile[J]. Journalism & mass communication quarterly, 2017, 94(1): 213-237.

③ MELLADO C, HELLMUELLER L, MARQUEZ-RAMIREZ M, et al. The hybridization of journalistic cultures: a comparative study of journalistic role performance[J]. Journal of communication, 2017, 67(6): 944-967.

④ 李良荣.艰难的转身:从宣传本位到新闻本位[J].国际新闻界,2009(9):6-12.

⑤ PAN Z D, LU Y. Localizing professionalism: discursive practices in China's media reforms[M]//LEE C C. Chinese media, global context. London, New York: Routledge, 2003: 215-236.

⑥ 夏倩芳.党管媒体与改善新闻管理体制——一种政策和官方话语分析[J].新闻与传播评论,2004:125-133,234,243.

⑦ 陈阳.当下中国记者职业角色的变迁轨迹——宣传者、参与者、营利者和观察者[J].国际新闻界,2006(12):58-62.

失调理论认为，当行为与认知不一致时，个体可能会调整认知以合理化自身行为。换言之，在新闻实践中经常承担"宣传"与"营利"角色的现状可能会增强记者对这两种角色的认同度。二者在观念层面和实践层面的差距是否会缩小，潜在的影响是什么，均有待未来研究关注。

　　服务者角色在观念和行为层面的显要性，既与地方报业的都市化浪潮有关，又与本研究的抽样范围有关。20 世纪 90 年代中后期以来，都市报兴起。作为提高阅读率的重要手段，聚焦市民日常生活领域的实用信息和消费报道日益受到地方报业的重视①。本章的分析对象中包含三家都市报和两家具有都市化倾向的党报——《厦门日报》和《泉州晚报》，加之又以地方新闻作为抽样框——这类新闻以服务本地居民为目标，通常包含更高比例的实用信息和消费资讯——在很大程度上可以解释服务者角色在实践层面的显要性。另外，抽样范围也影响"娱乐"角色行为的排序——文体新闻是该角色的重要载体，地方报的文体新闻多为转载，很少由本社记者采写。王海燕等人选取全国性新闻作为抽样框，发现娱乐者角色在报道中大量存在而服务者角色很少出现②，间接为上述推论提供了佐证。未来，媒体定位以及新闻类型与记者职业角色行为的联系应给予细致考察。

---

①　孙玮.媒介话语空间的重构——中国大陆大众化报纸媒介话语的三十年演变[J].传播与社会学刊,2008(6):71-92.

②　WANG H Y, SPARKS C, LÜ N, et al. Differences within the mainland Chinese press:a quantitative analysis[J].Asian journal of communication,2017,27(2):154-171.

# 第六章　福建地方报业记者职业角色认知与行为的影响因素

有关福建地方报业记者职业角色的研究,除描摹角色认知本身外,还探讨影响记者职业角色认知的因素。本章将细致呈现后者。具体来说,本章将分别从观念和实践两方面展开,分析不同层面的因素对福建地方报业记者职业角色的影响效力。

## 第一节　福建地方报业记者职业角色认知的影响因素

新闻工作的影响层级理论认为,个体新闻从业者、新闻机构、媒体行业以及整个社会共同作用于新闻生产的过程。既有的实证研究则表明,国家、地域等系统因素能有效预测记者的职业角色认知,个体因素仅对后者产生微弱影响;缺乏有关组织影响的一致发现,有效因素仍有待进一步发掘。因此,以福建地方报业记者作为调查对象的个案研究将致力于达成三方面目标:第一,继续测量系统和个体因素对记者职业角色认知的影响,进一步验证既有研究结论与地方报业数据的契合程度;第二,在常规因素之外,探索其他可能影响记者职业角色认知的组织因素,拓展因素清单,为系统评估组织影响提供经验基础;第三,整体评估和比较个体、组织和系统因素在预测记者职业角色认知方面的效力。

# 一、研究问题

　　既有研究大多聚焦客观层面上的个体因素，关于单个因素的影响效力缺乏一致结论。因此，本研究将继续聚焦客观层面上的个体因素，考察常见的客观因素对地方报业记者职业角色认知的影响：

　　**研究问题一：客观层面上的个体因素是否影响福建地方报业记者的职业角色认知？如果是，有何影响？**

　　受制于独特的新闻文化，与媒体规模和所有权相比，国内学界一直更关注媒体性质对记者职业角色认知的影响。在中国若干个大中型城市（如北京、上海、广州、武汉、成都等地）展开的调查显示，媒体性质对报业记者的职业角色认知存在显著影响[①]。不过，在媒体性质如何作用于不同类型的职业角色认知方面，既有研究的结论并不一致甚至相互矛盾。因此，在组织层面上，本书首先致力于观察媒体性质对中等规模地方报业记者职业角色认知的影响。

　　**研究问题二：媒体性质对福建地方报业记者的职业角色认知有何影响？**

　　休梅克和里斯的新闻工作影响层级理论指出，组织目标（媒体机构更倾向于营利或者提供高品质的新闻）会影响新闻编辑室的文化[②]。记者角色是新闻编辑室文化的重要组成部分[③]。因此，对组织目标的感知可能影响记者的职业角色认知。近年来，国内新闻组织的公共话语，如媒体宣言[④]，与新闻记

　　① 苏林森.宣传者、营利者和传播者：中国新闻工作者的角色认知[J].国际新闻界，2012(8)：33-38，102；张志安，吴涛."宣传者"与"监督者"的双重式微——中国新闻从业者媒介角色认知、变迁及影响因素[J].国际新闻界，2014(6)：61-75；李思思.从参与性媒介到媒介性参与：中国职业记者的微博实践与角色认知[J].新闻界，2017(5)：2-8.

　　② SHOEMAKER P，REESE S D.Mediating the message in the 21st century：a media sociology perspective[M].New York：Routledge，2014.

　　③ QUANDT T，SINGER J B.Convergence and cross-platform content production[M]//WAHL-JOURGENSEN K，HANITZSCH T.The handbook of journalism studies.New York，London：Routledge，2009：130-144.

　　④ 白红义."正在消失的报纸"：基于两起停刊事件的元新闻话语研究——以《东方早报》和《京华时报》为例[J].新闻记者，2017(4)：11-25；白红义，李拓.新闻业危机应对策略的"正当化"话语：一项基于中国媒体宣言的探索性研究[J].新闻大学，2017(6)：51-61，152.

者在记者节①、创刊日②等"热点时刻"建构的群体话语的内在一致性均以新闻理想、营收下滑、新旧媒体冲突等作为关键词,反映了新闻组织目标与记者职业价值观、集体记忆之间的密切联系。过去四十余年间,中国地方报业经历了回归新闻本质的观念转型和市场化、产业化、数字化的结构转型,在宣传职能始终不变的前提下,提供好新闻、营利以及适应新媒体环境逐渐成为地方报业的目标和日常性新闻实践的"指挥棒"。先前的研究注重考察记者对营利目标的感知是否以及如何作用于他们的职业角色认知③,本书将结合中国地方报业的生存现状,系统考察记者对不同组织目标的感知与其职业角色认知之间的关系。

研究问题三:福建地方报业记者对组织目标的感知是否影响他们的职业角色认知?

在评估系统层面的影响时,研究者通常直接比较不同国家/地区之间以及每个国家/地区内部新闻记者的职业角色认知,如果前者的差异显著大于后者,系统就被认为是显著的影响因素。其间发挥影响的究竟是政治制度、传媒体制、文化或是其他,研究者鲜少关心。仅个别研究尝试确认不同类型的系统因素的相对效力并发现,相对于文化差异,政治差异更能预测记者的职业角色认知④。

一直以来,新闻与政治的关系都是国内新闻学研究的核心议题。研究者采纳各异的评价指标,持有的态度立场也不尽相同,但大多都相信国内新闻业与中国特色的社会主义制度和政治意识形态之间存在密切联系。例如,李继东、胡正荣指出,中国四代领导集体实践意识形态的变化深刻影响传媒业在媒

---

① 丁方舟,韦路.社会化媒体时代中国新闻人的职业困境——基于 2010—2014 年"记者节"新闻人微博职业话语变迁的考察[J].新闻记者,2014(12):3-9;丁方舟.理想"与"新媒体":中国新闻社群的话语建构与权力关系[J].新闻与传播研究,2015(3):6-22,126.

② 白红义.记者作为阐释性记忆共同体:"南都口述史"研究[J].国际新闻界,2015(12):46-66.

③ 陶建杰,张志安.网络新闻从业者的媒介角色认知及影响因素——上海地区调查报告之三[J].新闻记者,2014(2):63-68;ABDENOUR J,RIFFE D.The investigative DNA:role conceptions of local television investigative journalists[J].Electronic news,2016,10(4):224-242.

④ ZHU J H,WEAVER D H,LO V H,et al.Individual,organizational,and societal influences on media role perceptions[J].Journalism & mass communication quarterly,1997,74(1):84-96.

介体制、行业格局和发展观念方面的改革①。李彬也指出,"新中国新闻业的光荣与梦想、曲折与顿挫无不同社会主义以及中国特色社会主义休戚与共"②。尽管如此,政治对新闻业的影响并不是铁板一块。在中国,国家一媒体一资本之间的关系错综复杂,它们共同塑造媒体改革的样态,赋予地方报业多样化的新闻文化③。既有研究已经考察了省/直辖市在预测新闻记者职业角色认知上的效力④,本研究将进一步探讨同一省份不同城市的记者在职业角色认知上的差异:

**研究问题四:福建不同城市的地方报业记者在职业角色认知上是否存在显著差异?**

个体因素对记者职业角色认知的影响相对比较有限,在这一点上,学界基本达成共识。跨国或跨地区的比较研究发现,系统因素的预测效力强于组织因素⑤。以国内记者为调查对象的跨地域比较研究分别考察了组织和系统因素在预测记者职业角色认知方面的潜力⑥,但并未分析二者的相对效力。因此,在分别测量不同层级的因素与记者职业角色认知的关系之后,本书将进一步评估这些因素的相对效力。

**研究问题五:个体、组织和系统因素中,哪一层级的因素最能预测福建地方报业记者的职业角色认知?**

第四章已分析了职业角色认知的测量,本章将继续介绍问卷中的其他变

---

① 李继东,胡正荣.中国政治意识形态与传媒改革:关系与影响[J].新闻大学,2013(4):10-16,49.

② 李彬.试谈新中国新闻业的"十大关系"[J].山西大学学报(哲学社会科学版),2014(2):85-118.

③ LEE C C,HE Z,HUANG Y.Party-market corporatism,clientelism,and media in Shanghai[J].The international journal of press/politics,2007,12(3):21-42.

④ 张志安,沈菲.媒介环境与组织控制:调查记者的媒介角色认知及影响因素(下)[J].现代传播,2012(10):35-40.

⑤ ZHU J H,WEAVER D H,LO V H,et al.Individual,organizational,and societal influences on media role perceptions[J].Journalism & mass communication quarterly,1997,74(1):84-96.

⑥ 张志安,沈菲.媒介环境与组织控制:调查记者的媒介角色认知及影响因素(下)[J].现代传播,2012(10):35-40;SHEN F,ZHANG Z A.Who are the investigative journalists in China? Findings from a survey in 2010[J].Chinese journal of communication,2013,6(3):374-384.

量,包括人口统计学变量、媒体性质、组织目标以及地域的操作化方法。

## 二、变量的操作化

### 1.人口统计学变量

本书将客观层面的个体因素处理为一系列的人口统计学变量。其中,两类人口统计学变量最终得到测量:一是常规变量,包括性别、年龄、受教育程度、专业背景、收入水平;二是从业者特有的统计学变量,包括工作年限和是否担任行政职务。其中,年龄和从业年限为填空题,其他变量的测量均采取单选题的形式。

### 2.媒体性质

在中国的政治文化语境下,"媒体性质"不涉及所有权,而指媒体的市场化程度以及行政归属与级别。党报和都市报通常被认为是两种不同性质的媒体:前者的市场化程度较低,由党委宣传部门直接管辖,行政级别较高;后者的市场化程度较高,受党报管辖,行政级别较低。遵照新闻领域的惯例,本书将媒体性质操作化为"你所服务的报纸的类型",受访者需要在"党报"或"都市报"之间做出选择。

### 3.组织目标

"组织目标"指成员对组织力图达成的长期目标的感知。具体说来,本书采用 5 级量表测量组织目标感知,要求受访者评估其所在报社对于特定目标的重视程度。从 1 到 5,1 代表"非常不重要",5 代表"非常重要"。量表共包括 4 个题项,分别是"生产品质高于当地报业平均水平新闻""获得高于当地报业平均水平的利润""加强与当地党政部门的良好关系"以及"适应新媒体冲击下的行业新环境"。

### 4.地域

"地域"指报纸所服务的城市,分别是福州、厦门或泉州。这里的地域侧重报纸的服务范围,而非报业的地域归属。例如,《海峡都市报》隶属福建日报集团,后者的地域归属为福州,但《海峡都市报(闽南版)》主要服务范围在泉州市,来自这一报纸的受访者所在"地域"为泉州。

## 三、研究发现

本次调查的 233 名受访者中,男性占 51.5%,女性占 48.5%;大专及以下学历占 2.1%,大学本科学历占 82.0%,15.9% 为硕士及以上学历;新闻传播类专业背景的占 48.9%,剩余 51.1% 为非新闻传播类专业背景;仅有 10.8% 的受访者兼任行政职务,89.2% 的受访者无行政职务;收入水平在 5 000 元及以下的占 49.8%,5 001~7 500 元占 40.3%,7 501~10 000 元为 8.6%,剩余 1.3% 的受访者收入水平在 10 000 元以上(详情请见表 6-1。)。此外,受访者整体比较年轻($M=30.28$,$SD=5.93$),工作年限比较长($M=7.23$,$SD=5.95$)。

表 6-1　受访者的人口统计学信息($N=233$)

| 分类 | 百分比/% |
| --- | --- |
| **性别** | |
| 男性 | 51.5 |
| 女性 | 48.5 |
| **受教育程度** | |
| 大专及以下 | 2.1 |
| 大学本科 | 82.0 |
| 硕士及以上 | 15.9 |
| **专业背景** | |
| 新闻传播类 | 48.9 |
| 非新闻传播类 | 51.1 |
| **是否兼任行政职务** | |
| 是 | 10.8 |
| 否 | 89.2 |
| **收入水平** | |
| 5 000 元及以下 | 49.8 |
| 5 001~7 500 元 | 40.3 |
| 7 501~10 000 元 | 8.6 |
| 10 000 元以上 | 1.3 |

从媒体类型来看,本次调查中 32.2% 的受访者服务于党委机关报,67.8% 的受访者服务于都市报。在受访者看来,当前报社最重要的目标是"适应新媒体冲击下的行业新环境"($M=4.12$,$SD=1.31$),然后才是"加强与当地党政部门的良好关系"($M=4.03$,$SD=1.30$),接下来是"生产品质高于当地报业平均

水平的新闻"($M=3.90$,SD$=1.44$),最后是"获得高于当地报业平均水平的利润"($M=3.86$,SD$=1.38$)。此次调查中,33.1%的受访者所在报社的地域为厦门,42.9%的受访者所在报纸的地域为福州,另有24.0%的受访者在泉州的报纸工作。

由于本调查包含多个分类变量,为了降低多重共线性对模型估计准确度的影响,笔者先采用方差分析的方法检验单个分类变量与职业角色认知的关系,以识别并剔除无关变量,减少进入回归方程的哑变量的数量。方差分析的结果显示,性别、收入水平、是否担任行政职务对职业角色认知的影响不显著;受教育程度影响受访者对"传播—解释"角色的认知($F=2.83$,df$=2$,$p<0.05$),但对"服务—鼓吹""宣传—营利""质疑—批评"角色认知无显著影响;专业背景影响"质疑—批评"角色认知($F=4.19$,df$=1$,$p<0.05$),对其他类型的角色认知无显著影响。另外,媒体性质影响受访者对"服务—鼓吹"角色的认知($F=7.92$,df$=1$,$p<0.01$),但对其他类型的角色认知无显著影响。最后,地域影响受访者对"宣传—营利"角色的认知($F=4.83$,df$=2$,$p<0.01$),对其他类型的角色认知无显著影响。

在剔除性别、收入水平、是否担任行政职务之后,笔者采用逐层回归的方法,将剩余的个体、组织和系统因素逐一放入回归方程,以便分析不同层级因素的影响效力。结果显示,整体上,各层级因素在预测记者职业角色认知方面的效力都非常有限;其中,个体因素显著影响记者对"传播—解释"角色的认知,组织因素影响记者对"服务—鼓吹"角色的认知,三类因素对记者的"宣传—营利"角色和"质疑—批评"角色认知均无显著影响;相对于系统因素,个体和组织因素更能预测记者的职业角色认知(详见表6-2)。

表 6-2　职业角色认知影响因素的回归分析

| | 影响因素 | 传播—解释 | 服务—鼓吹 | 宣传—营利 | 质疑—批评 |
|---|---|---|---|---|---|
| Block1:个体因素 | 受教育程度(高中及以下=0) | | | | |
| | 大学本科 | 0.09 | 0.20 | 0.10 | $-0.02$ |
| | 硕士及以上 | 0.23 | 0.07 | 0.08 | 0.06 |
| | 专业背景(新闻传播=1) | $-0.01$ | 0.11 | $-0.02$ | 0.07 |
| | 年龄 | $0.42^*$ | $0.48^*$ | $-0.02$ | $-0.44^*$ |
| | 工作年限 | $-0.35$ | $-0.36$ | 0.15 | 0.30 |
| | 调整后 $R^2$ | $0.03^*$ | 0.02 | $-0.01$ | 0.03 |

续表

| | 影响因素 | 传播－解释 | 服务－鼓吹 | 宣传－营利 | 质疑－批评 |
|---|---|---|---|---|---|
| Block2" 组织因素 | 媒体性质(都市报＝1) | －0.10 | 0.16* | －0.03 | 0.02 |
| | 组织目标(新闻品质) | 0.02 | －0.16 | －0.04 | －0.09 |
| | 组织目标(利润) | －0.19 | 0.15 | 0.03 | －0.09 |
| | 组织目标(关系) | 0.11 | －0.15 | 0.13 | 0.26 |
| | 组织目标(新媒体环境) | 0.08 | 0.20 | －0.01 | －0.15 |
| | 调整后 $R^2$ 增量 | 0.01 | 0.03 | －0.01 | 0.01 |
| | 调整后 $R^2$ 总量 | 0.04* | 0.05* | －0.02 | 0.04 |
| Block3" 系统因素 | 地域(泉州＝0) | | | | |
| | 厦门 | 0.04 | 0.09 | 0.24** | 0.13 |
| | 福州 | 0.15 | －0.02 | 0.08 | 0.07 |
| | 调整后 $R^2$ 增量 | 0.01 | 0.00 | 0.04 | 0.00 |
| | 最终 $R^2$ | 0.10* | 0.10* | 0.07 | 0.09 |
| | 最终调整后 $R^2$ | 0.05* | 0.05* | 0.02 | 0.04 |

注:* 代表 $p<0.05$,** 代表 $p<0.01$,*** 代表 $p<0.001$,$N=233$

对比方差分析的结果,在加入其他个体因素的情况下,受教育程度、专业背景、工作年限对记者职业角色认知的影响不再显著,但年龄依然能显著预测记者对"传播－解释""服务－鼓吹""质疑－批评"角色的认知;即使控制个体因素,媒体性质仍然影响记者对"服务－鼓吹"角色的认知;在加入个体和组织因素后,地域对"宣传－营利"角色的影响不再显著。

## 四、结论与讨论

本书中,性别、受教育程度、专业背景、收入水平、是否担任行政职务、工作年限对职业角色认知无影响或仅有微弱影响,这与此前国内外若干项研究的结论一致①,表明个体因素对记者职业角色认知的影响整体有限。相比较而

---

① 张志安,沈菲.媒介环境与组织控制:调查记者的媒介角色认知及影响因素(下)[J].现代传播,2012(10):35-40;李思思.从参与性媒介到媒介性参与:中国职业记者的微博实践与角色认知[J].新闻界,2017(5):2-8; ABDENOUR J,RIFFE D. The investigative DNA:role conceptions of local television investigative journalists[J].Electronic news,2016,10(4):224-242.

言,年龄对于职业角色认知的预测效力较高,其对"传播－解释"角色认知的正向影响和对"质疑－批评"角色认知的负向影响,均呼应此前苏林森的调查发现[1]。这表明,除时代变迁外,年龄也是解释记者职业角色认知的"传播"本位和犬儒化倾向的有力因素。

与既有研究不同[2],本次调查未能证实组织目标对记者职业角色认知的预测效力。媒体性质对"服务－鼓吹"角色认知的影响。这在印证媒体定位是否强调读者作为"消费者"和"公民"的主体地位,即对记者角色认知的影响的同时,也彰显了进一步细化当前媒体分类方法的必要性。未来研究应在"党委机关报-都市报"这一框架之外探索更细致的分类方法,以适应国内媒体生态的急遽变迁。

地域因素中,仅"是否在厦门"影响记者对"宣传－营利"角色的认知,说明福建省内地方报业的记者在角色观念上存在很强的同质化倾向。这与福建地方报业类似的规模、定位等有关。未来有必要发掘更具体的指标,如报业与当地主管部门的关系等,以便更好地考察系统因素对地方记者职业角色认知的影响。

# 第二节　福建地方报业记者职业角色行为的影响因素

依据新闻层级理论和以往研究,组织因素(如媒体定位、倾向)和系统因素(如地域、国家)均影响记者的职业角色行为。由于聚焦记者职业角色行为影响因素的研究仍处于起步阶段,以福建地方报业记者自采新闻为对象的内容分析主要考察两个方面:一方面,重复检验既有研究中测量过的组织因素对福建地方报业记者职业角色行为的影响;另一方面,结合研究个案的特性,尝试发掘可能影响记者职业角色行为的其他组织和系统因素。

---

① 苏林森.宣传者、营利者和传播者:中国新闻工作者的角色认知[J].国际新闻界,2012(8):33-38,102.

② ABDENOUR J,RIFFE D.The investigative DNA:role conceptions of local television investigative journalists[J].Electronic news,2016,10(4):224-242

# 一、研究问题

既有研究多比较"严肃媒体-大众媒体""营利媒体-非营利媒体""左翼媒体-中间派媒体-右翼媒体"的记者在职业角色行为方面的差异。此等分类显然不适用于中国的媒体体系。国内已有多项研究支持媒体性质在解释记者职业角色认知差异方面的效力。观念与实践并不必然一致,但二者存在关联已成国内外新闻学界的共识。有鉴于此,本书尝试考察媒体性质对记者职业角色行为的影响:

**研究问题一:不同性质的媒体记者在职业角色行为方面是否存在差异?**

国外相关研究已初步验证了新闻编辑室常规尤其是新闻口线对于记者职业角色行为的影响,但在具体作用机制上缺乏共识。近年来,随着"寒冬"的来临,新闻从业者的职业流动日益频繁[①],国内各大地方报业的人才流失加剧,从业者规模萎缩,原本清晰的口线分工可能趋于模糊。新闻口线是否能持续预测国内记者的职业角色行为有待检验。

**研究问题二:不同口线的记者在职业角色行为方面是否存在差异?**

在考察系统因素的影响时,国外相关研究均致力于比较不同国家的记者在职业角色行为方面的差异。其结果支持国别对职业角色行为的预测效力[②],同时印证新闻文化的混杂性——相同政治体制下的各国记者在职业角色行为上并不完全一致[③]。为了探寻更具预测效力的系统因素,本书尝试考察地域对记者职业角色行为的影响。

**研究问题三:不同地域的记者在职业角色行为方面是否存在差异?**

---

① 何强.新媒体时代新闻人的职业流动及其影响[D].湖北大学,2017.

② TANDOC E C Jr,HELLMUELLER L,VOS T P.Mind the gap:between journalistic role conception and role enactment[J].Journalism practice,2013,7(5):539-554;MELLADO C,MARQUEZ-RAMIREZ M,MICK J,et al.Journalistic performance in Latin America:a comparative study of professional roles in news content[J].Journalism,2017,18(9):1087-1106.

③ MELLADO C,HELLMUELLER L,MARQUEZ-RAMIREZ M,et al.The hybridization of journalistic cultures:a comparative study of journalistic role performance[J].Journal of communication,2017,67(6):944-967.

## 二、类目的建构

### 1.媒体性质

诚如前文所言,在中国,媒体性质指媒体的市场化程度以及行政归属与级别。本书采取与职业角色认知调查一致的操作化方法,将媒体性质分为"党报"和"都市报"。其中,《厦门日报》《福州日报》《泉州晚报》属于"党报"范畴,《厦门晚报》《福州晚报》《东南早报》属于"都市报"范畴。

### 2.新闻口线

前期调研过程发现,福建地方报业对新闻口线的划分上并不一致。为便于区分,本书将新闻口线界定为"新闻报道涉及的主体",包括"政府及事业单位""企业""社会团体与个人""报纸"四类。

### 3.地域

"地域"指报社所在城市,共分为"厦门""福州""泉州"三类。其中,《厦门日报》《厦门晚报》的地域归属为"厦门",《福州日报》和《福州晚报》的地域归属为福州,《泉州晚报》和《东南早报》的地域归属为泉州。

## 三、研究发现

从原始分看(表 6-3),六家报纸的地方新闻报道在"质疑—批评"和"鼓吹"角色上的得分几乎没有差别。就"传播—解释"这一角色而言,《福州日报》的得分最高,《东南早报》的得分最低;从"宣传—营利"角色看,《泉州晚报》的得分最高,其"支持政府活动和政策"和"强调政界精英正面形象"两项的分值明显高于其他报纸,三家都市报在多项指标上的得分都比较低;《厦门晚报》和《福州晚报》在"服务"角色上的得分最高,《泉州晚报》在这一维度上的分值最低;就"娱乐"角色而言,《东南早报》的得分明显高于其他报纸,《厦门日报》《厦门晚报》在这一维度上的得分居于末位。

表 6-3　6 份报纸中记者的职业角色行为

| 类目 | 厦门日报 | 厦门晚报 | 福州日报 | 福州晚报 | 泉州晚报 | 东南早报 | 总计 |
|---|---|---|---|---|---|---|---|
| **传播－解释** | 0.35/0.73 | 0.31/0.77 | 0.36/0.64 | 0.25/0.55 | 0.31/0.60 | 0.18/0.54 | 0.30/0.26 |
| 记者观点 | 27% | 16% | 49.6% | 42.2% | 56.6% | 44.7% | 38.0% |
| 解释 | 89.3% | 92.9% | 68.2% | 40.8% | 44.3% | 17.9% | 62.2% |
| 建议 | 1.1% | 0.0% | 1.1% | 1.5% | 0.4% | 0.0% | 0.7% |
| 第一人称 | 23.8% | 16.6% | 26.2% | 16.1% | 23.5% | 10.6% | 19.9% |
| **质疑－批评** | 0.00/0.01 | 0.00/0.00 | 0.00/0.01 | 0.00/0.01 | 0.00/0.01 | 0.00/0.01 | 0.00/0.00 |
| 司法、行政信息 | 0.7% | 0.3% | 1.3% | 0.8% | 0.7% | 0.9% | 0.8% |
| 记者质疑 | 0.0% | 0.0% | 0.0% | 0.0% | 0.0% | 0.0% | 0.0% |
| 记者批评 | 0.0% | 0.0% | 0.0% | 0.0% | 0.0% | 0.0% | 0.0% |
| 外部调查 | 0.6% | 0.2% | 0.5% | 0.3% | 0.4% | 1.2% | 0.5% |
| **宣传－营利** | 0.06/0.12 | 0.04/0.10 | 0.06/0.11 | 0.04/0.10 | 0.08/0.19 | 0.04/0.12 | 0.06/0.13 |
| 支持政府活动和政策 | 16.7% | 9.1% | 16.9% | 13.8% | 37.9% | 17.9% | 18.9% |
| 支持企业活动 | 14.1% | 12.9% | 9.3% | 7.1% | 5.6% | 7.3% | 9.8% |
| 政界精英正面形象 | 1.7% | 1.1% | 7.5% | 0.5% | 4.6% | 1.0% | 2.6% |
| 商界精英正面形象 | 1.1% | 0.9% | 2.0% | 0.5% | 1.3% | 0.5% | 1.1% |
| 国家进步 | 0.6% | 0.0% | 2.2% | 0.3% | 0.7% | 0.0% | 0.6% |
| 提升国家形象 | 0.5% | 00.0% | 0.7% | 1.0% | 0.1% | 0.0% | 0.4% |
| **服务** | 0.13/0.01 | 0.14/0.01 | 0.12/0.04 | 0.14/0.02 | 0.08/0.06 | 0.11/0.06 | 0.12/0.01 |
| 问题建议 | 13.8% | 13.4% | 9.3% | 12.6% | 11.8% | 14.6% | 12.7% |
| 消费建议 | 12.6% | 14.9% | 14.4% | 16.1% | 3.4% | 6.4% | 11.3% |
| **娱乐** | 0.01/0.14 | 0.01/0.14 | 0.03/0.16 | 0.03/0.15 | 0.06/0.18 | 0.13/0.22 | 0.04/0.03 |
| 私人化 | 0.5% | 0.0% | 0.9% | 2.5% | 9.4% | 19.5% | 5.0% |
| 情绪 | 1.3% | 2.6% | 6.5% | 4.4% | 9.1% | 17.4% | 6.3% |
| 病态 | 0.5% | 0.8% | 0.4% | 1.2% | 0.9% | 2.3% | 0.9% |
| **鼓吹** | 0.00/0.00 | 0.00/0.00 | 0.00/0.00 | 0.00/0.00 | 0.00/0.00 | 0.00/0.00 | 0.00/0.00 |
| 公民视角 | 0.3% | 0.0% | 0.0% | 0.0% | 0.0% | 0.3% | 0.1% |
| 公民需求 | 0.0% | 0.0% | 0.0% | 0.0% | 0.4% | 0.3% | 0.1% |
| 公民活动信息 | 0.0% | 0.0% | 0.2% | 0.0% | 0.4% | 0.0% | 0.1% |

随后使用差异检验的统计分析方法,以厘清上述差异的来源。首先,检验媒体性质对记者职业角色行为的影响。结果显示,党报和都市报记者在扮演"质疑—批评"角色方面无显著差别,"鼓吹"角色的情况亦是如此;在扮演"传播—解释"角色($F=196.57$,df$=1$,$p<0.001$)、"宣传—营利"角色($F=84.06$,df$=1$,$p<0.001$)、"服务"角色($F=7.52$,df$=1$,$p<0.01$)和"娱乐"角色($F=34.83$,df$=1$,$p<0.001$)方面,党报和都市报记者存在显著差异。从效应量看,媒体性质可以解释"传播—解释"角色$5\%$的变异,"宣传—营利"角色$2\%$的变异以及"娱乐"角色$1\%$的变异,但它仅能解释"服务"角色$0.2\%$的变异。

其次,分别检验新闻口线对记者职业角色行为的影响。结果显示,是否以"政府和事业单位"作为报道主体不影响记者承担"鼓吹"角色的程度,但在"传播—解释"角色($F=49.28$,df$=1$,$p<0.001$)、"批评—质疑"角色($F=13.25$,df$=1$,$p<0.001$)、"宣传—营利"角色($F=42.51$,df$=1$,$p<0.001$)、"服务"角色($F=84.39$,df$=1$,$p<0.001$)和"娱乐"角色($F=195.62$,df$=1$,$p<0.001$)上,是否以"政府和事业单位"为主体存在显著影响。进一步分析表明,报道主体是否为"政府及事业单位"可以解释"传播—解释"角色$1\%$的变异,"宣传—营利"角色$1\%$的变异,"服务"角色$2\%$的变异以及"娱乐"角色$5\%$的变异,但它仅能解释"批评—质疑"角色$0.3\%$的变异。

是否以"企业"作为报道主体不影响记者承担"批评—质疑"和"鼓吹"角色的程度,但在"传播—解释"角色($F=66.07$,df$=1$,$p<0.001$)、"宣传—营利"角色($F=248.19$,df$=1$,$p<0.001$)、"服务"角色($F=49.31$,df$=1$,$p<0.001$)和"娱乐"角色($F=32.61$,df$=1$,$p<0.001$)上,是否以"企业"为主体存在显著影响。从效应量来看,报道主体是否为"企业"可以解释"传播—解释"角色$2\%$的变异,"宣传—营利"角色$6\%$的变异,"服务"角色$1\%$的变异以及"娱乐"角色$1\%$的变异。

是否以"社会团体与个人"作为报道主体不影响记者承担"鼓吹"角色的程度,但"传播—解释"角色($F=171.41$,df$=1$,$p<0.001$)、"批评—质疑"角色($F=4.05$,df$=1$,$p<0.05$)、"宣传—营利"角色($F=246.84$,df$=1$,$p<0.001$)、"服务"角色($F=11.4$,df$=1$,$p<0.01$)和"娱乐"角色($F=317.49$,df$=1$,$p<0.001$)均受到是否以"社会团体与个人"为报道主体的影响。进一步分析表明,报道主体是否为"社会团体与个人"可以解释"传播—解释"角色$4\%$的变异,"宣传—营利"角色$6\%$的变异以及"娱乐"角色$7\%$的变异,但它仅能解

释"批评－质疑"角色 0.1％的变异,解释"服务"角色 0.3％的变异。

是否以"报纸"作为报道主体不影响记者承担"批评－质疑"和"娱乐"角色的程度,但"传播－解释"角色($F=12.88$,df$=1$,$p<0.001$)、"宣传－营利"角色($F=19.20$,df$=1$,$p<0.001$)、"服务"角色($F=49.41$,df$=1$,$p<0.01$)和"鼓吹"角色($F=3.96$,df$=1$,$p<0.05$)均受到是否以"报纸"为报道主体的影响。从效应量来看,报道主体是否为"报纸"可以解释"服务"角色 1％的变异,但它仅能解释"传播－解释"角色 0.3％的变异,"宣传－营利"角色 0.4％的变异,"鼓吹"角色 0.1％的变异。

最后,检验地域对记者职业角色行为的影响。结果显示,福州、厦门、泉州的记者承担"质疑－批评"角色的程度无显著差别,"鼓吹"角色亦如此;在承担"传播－解释"角色($F=103.13$,df$=1$,$p<0.001$)、"宣传－营利"角色($F=5.08$,df$=1$,$p<0.01$)、"服务"角色($F=7.29$,df$=1$,$p<0.01$)和"娱乐"角色($F=111.13$,df$=1$,$p<0.001$)方面,三地记者间存在显著差异。进一步分析表明,地域可以解释"传播－解释"角色 5％的变异以及"娱乐"角色 5％的变异,但它仅能解释"宣传－营利"角色 0.2％的变异以及"服务"角色 0.3％的变异。

## 四、总结与讨论

整体看来,媒体性质、新闻口线、地域能显著预测福建省地方报业记者大部分的职业角色行为。在剔除效应量偏低($\eta_2<1$)的情况后,表 6-4 呈现媒体性质、新闻口线和地域与不同类型职业角色行为之间的关系。其中,"批评－质疑"和"鼓吹"角色不受这些因素的影响,这主要是因为二者在地方新闻报道中比重过低。

表 6-4　各因素对记者职业角色行为的影响效力

| | 传播－解释 | 批评－质疑 | 宣传－营利 | 服务 | 娱乐 | 鼓吹 |
|---|---|---|---|---|---|---|
| 媒体性质 | √ | | √ | | √ | |
| 主体(政府与事业单位) | √ | | √ | √ | √ | |
| 主体(企业) | √ | | √ | √ | √ | |
| 主体(社会团体与个人) | √ | | √ | | √ | |
| 主体(报纸) | | | | √ | | |
| 地域 | √ | | | | √ | |

　　另外,相对于都市报记者,党报记者更倾向于在地方新闻报道中表达个人观点和立场,服务于政治、经济权力;都市报记者更常采用娱乐化手法呈现信息。这一发现符合我们对党报和都市报的差异化定位的常规看法,即党报更重宣传,更严肃,都市报更注重迎合大众化的信息需求。值得注意的是,党报记者的报道常显现企业活动和凸显商界精英的正面形象。这一发现表明,除履行宣传职能外,党报记者还承担促进地方经济发展的使命。既往文献甚少关注这一角色的行为,其意涵如何,有待更深入的探讨。

　　本书还发现,当主体为政府和事业单位时,福建地方报业记者就倾向于表达个人观点和立场,服务于政治、经济权力,较少提供生活服务或使用娱乐化手法呈现信息;当主体为企业时,记者会较多表达个人观点和立场,服务于政治、经济权力以及提供生活服务,较少使用娱乐化手法呈现信息;当主体为社会团体与个人时,记者会较多使用娱乐化手法呈现信息,较少表达个人观点和立场以及服务于政治、经济权力;当主体为报纸时,记者会较多地提供生活服务。

　　福建地方报业多元化经营的努力以及由此产生的对报业自营平台的推广有助于解释"报纸"这一主体与服务者角色之间的联系。记者呈现另外三类主体的方式可概括如下:在以党政部门和企业为报道对象时,记者更注重观念的引导,文风更传统;当主体转变为社会团体与个人时,更注重事实的呈现及其可读性。这表明,福建地方报业记者在呈现不同类型的报道主体时形成了稳定的、可复制的模式。此类模式的不断复现是否会影响读者对各类报道主体的看法,其社会影响如何,应该在未来研究中得到关注。

　　最后,相对于福州和厦门,泉州地方报业的记者在新闻报道中更少表达个人观点和立场,更多采用娱乐化手法呈现信息。从经验层面来看,这一差异或许可以归因于泉州地方报业独特的媒体文化——较之福州和厦门,泉州地方报业的市场化程度更高,广告等自营收入在报业整体营收中所占比重更大,表现在新闻领域,泉州地方报业的记者更倾向于将读者视为消费者[①],致力于满足后者大众化的信息需求,以换取相应的市场回报。当然,较少的说教和娱乐化的信息呈现方式是否都是地方新闻文化的体现,相较于媒体性质和地域,将"市场化倾向"作为"传播—解释"角色和"娱乐"角色行为的预测因子是否更确切,还有待更细致的检验。

---

　　① 李玉秀.“厚报”时代地市报广告的发展策略:以泉州地区报业为例[J].新闻爱好者,2011(2):56-57.

# 第七章　福建地区受众的
# 媒介角色期望

　　媒体融合,是考察地方报业记者职业角色的基本语境。2006 年,中国新闻出版总署实施首批"中国数字报业实验室计划",人民日报社、宁波日报报业集团等十八家全国性和地方性报业参与该计划,正式揭开"全媒体融合"的序幕。2012 年以来,中国报业步入"寒冬"。仅 2014 年,全国报纸的发行总收入就锐减 25％,广告收入同步下跌 15％①。有学者认为,脆弱的盈利模式、全球经济衰退和国内经济增速放缓是中国报业陷入困局的关键性因素②。尽管如此,业界还是更倾向于将报业困局归咎于新媒体的勃兴。基于这样的认知,近两年来,地方报业纷纷采取多种方式来应对新媒体的挑战。其中,"延伸改良式"融合路径——保留报业原有生产体系,通过流程再造实现报业的增量发展③,成为多数地方报业的共同选择。

　　采纳延伸改良式路径的地方报业,受制于制度和思维惯性,以及技术、资金、人才等的匮乏,媒体融合基本停留在渠道融合的层面上——开设"两微一端",再造内容生产流程,实现信息的"一次采集,多种加工,多元发布"。调查显示,截至 2015 年 6 月,国内绝大多数主流媒体均已完成"双微"布局,采用"新媒体＋"的方式实现融合发展已成趋势④。

　　地方报业开设"微博""微信"和手机客户端,其初衷在于延伸纸媒的内容优势,有针对性地培育新媒体用户,帮助报业赢得在新媒体领域的竞争优势。遗憾的是,迄今为止,地方报业开设的新媒体在用户培育方面获得成功的案例屈指可数,绝大多数都未能赢得用户的普遍认同。党和政府对于新闻媒体及

　　①　崔保国,何丹嵋.2014 年中国传媒产业发展报告[J].传媒,2015(6):11-16.

　　②　赵准.中国报业广告下滑成因探析[J].新闻记者,2015(4):86-90.

　　③　麦尚文.全媒体融合模式研究[M].北京:中国人民大学出版社,2012:118.

　　④　向安玲,沈阳,罗茜.媒体两微一端融合策略研究——基于国内 110 家主流媒体的调查分析[J].现代传播,2016(4):64-69.

其从业者的要求与新闻媒体社会影响日益萎缩的现实之间的巨大反差,为本研究的开展提供了现实必要性。

诚如第三章所言,受众期望是新闻媒体及其从业者定位自身角色的重要参数,但我们对此类期望仍知之甚少。在媒体融合时代,新闻机构及其从业者在满足受众需求方面的认知偏差,很可能给业已陷入困境的传统新闻媒体带来更大的压力。因此,本书以现实或潜在的新闻产品接收、使用和消费者为分析对象,采用调查和深度访谈的方法,考察受众对新闻媒体及其从业者的社会职能的看法,为地方报业融合新闻生产的路径构想提供数据支撑。其中,调查致力于了解福建地方报业的受众对新闻媒体及其从业者的角色期待,深度访谈则聚焦特定群体,即大学生用户,回答福建地方报业开设的新媒体端为何在这一潜在用户群体中备受冷落的问题。

# 第一节　关于受众的媒介角色期望的理论回顾

下面将从三方面梳理相关理论文献:首先,厘清角色认知与角色期望的关系;其次,回顾有关媒介角色认知的研究;最后,描摹媒体融合时代记者—受众关系的变迁。

## 一、角色认知与角色期望

所谓角色,指与人的社会地位一致,符合社会期待的一整套权利、义务与行为模式①。在社会情境中,个体对自我角色、他人角色以及角色期望的了解,构成"角色认知"。当个体对角色期望认识不清,或其认识与社会网络中的其他成员对该角色的期望存在错位时,角色承担者会感到无所适从,甚至出现角色失范行为。另一方面,角色期望并非一成不变,而是随着社会的变迁而调整。当个体固守既有的行为模式,无法随着社会期待的改变而调整自身行动逻辑时,角色失范行为也可能发生。总而言之,角色期望是角色认知的组件之

---

① 奚从清.角色论——个人与社会的互动[M].杭州:浙江大学出版社,2010:5-6.

一，个体对角色有明确期望及了解该期望，是个体胜任该角色的重要前提。

## 二、记者与受众的媒介角色认知

记者了解社会对新闻媒体及其从业者的角色期望，是其胜任记者工作的一大前提。早在 20 世纪七八十年代，马丁等人①以及冬斯巴赫②的研究就指出，记者和受众在看待同一新闻事件上存在显著差异，且前者倾向于高估其准确预估后者观点的能力。博奇科夫斯基等人也发现，记者与消费者在新闻主题的选择上存在显著差异，前者认为最重要的新闻往往不是后者最感兴趣的新闻③。鉴于新闻内容生产的偏好，包括主题和叙事框架的选择本身就是记者职业角色行为的一部分，可以推断，记者对自身角色的期待与受众对记者的角色期望之间也可能存在较大差异。

在新闻学领域，媒介角色认知一般指人们对新闻媒体及其从业者应该或实际承担的社会职能的了解。迄今为止，有关媒介角色认知的研究基本聚焦新闻从业者（尤其是记者群体），侧重考察他们对自身职业角色期望的感知；其他与记者相关联的社会网络成员（尤其是受众）如何看待新闻媒体的社会角色，他们对记者这一职业的期待究竟是什么，仅有少量研究关注。基于大规模受众调查的数据，范德沃夫和舍恩巴赫发现，相对于"动员"和"娱乐"，受众更看重新闻媒体的"传播""解释"和"对立"职能④。韦尔纳特等人的调查显示，市民最看重的媒介角色是"在第一时间传递新的信息"，最不重视的角色是"提

---

① MARTIN R K,O'KEEFE G J,NAYMAN O B.Opinion agreement and accuracy between editors and their readers[J].Journalism quarterly,1972,49(3):460-468.

② DONSBACH W.Journalists' conceptions of their audience:comparative indicators for the way British and German journalists define their relations to the public[J].International communication gazette,1983,32(1):19-36.

③ BOCZKOWSKI P J,MITCHELSTEIN E,WALTER M.Convergence across divergence:understanding the gap in the online news choices of journalists and consumers in Western Europe and Latin America[J].Communication research,2011,38(3):376-396.

④ VAN DER WURFF R,SCHOENBACH K.Demands of news media and journalists:what does the audience expect from good journalism? [J].Journalism & mass communication quarterly,2014,91(3):433-451.

供娱乐和消遣"①。埃尔德里奇和斯特尔则指出,受众根本不会从规范性角度(如意识形态、社会角色)看待新闻,对他们而言,新闻仅仅是他们连接自己与世界的实用信息②。结合此前的国外记者调查研究可知,既有文献初步印证了国外新闻记者与受众在媒介角色认知方面的差异。这一差异是否也存在于国内新闻领域,仍有待实证研究的检验。

在国内学界,仅张晓峰、童兵曾调查受众的媒介角色认知,发现其最认可"媒体报道有助于精神文明建设"和"媒体报道有助于环境保护"这样的说法,但不认为"媒体的报道可信度很高",也不赞成"媒体干预能解决现实问题"③。鉴于该研究测量媒介角色认知的方式与当前主流的测量方式存在较大差别,为了更好地了解当前受众的媒介角色认知,比较其与记者调查的发现的异同,有必要采纳主流的操作化方法,对受众媒介角色认知这一变量进行重复测量。

由于记者是制度化的角色,其日常工作有章可循,主要受制于适切的实践模式的制度预设和期待,较少受到个人价值或倾向的左右④,在以往的研究中,"媒介角色认知"和"职业角色认知"两个概念被混用,未作明确区分。为便于理解,本书采用"媒介角色认知"这一表述方式,它与前面章节提及的"职业角色认知"实为同一概念。

## 三、记者—受众关系视野下的融合文化

媒介角色认知是新闻体制、组织因素、技术等共同作用的产物,处于不断变迁中。早期的从业者调查发现,中立、客观被视为新闻职业理念的核心,为较多西方记者所体认⑤;近年来,解释者有超过信息传递者,成为更受西方记

① WILLNAT L,WEAVER D H,WILHOIT G C.The American journalists in the digital age:how journalists and the public think about journalism in the United States[J]. Journalism studies,2019,20(3):423-441.

② ELDRIDGE S, STEEL J. Normative expectations:employing "communities of practice" models for assessing journalism's normative claims[J].Journalism studies,2016, 17(7):817-826.

③ 张晓峰,童兵.我国受众的媒介角色认知与评价[J].新闻界,2007(6):5-8.

④ RYFE D M.The nature of news rules[J].Political communication,2006,23(2): 203-214.

⑤ JANOWITZ M.Professional models in journalism:the gatekeeper and the advocate [J].Journalism quarterly,1975,52(4):618-626.

者认可的职业角色的趋势①。20 世纪 90 年代，国内记者比较重视传播者和宣传者角色②；近几年的研究发现，较之宣传者和传播者，国内记者更倾向于将自己定位为营利者③。

信息传播技术的狂飙突进，深刻改写了记者与受众的关系。一方面，来自网民的信息和言论逐渐成为传统新闻媒体和普通公众的重要消息来源④，记者在新闻报道中调查和核实事实的影响力趋于弱化，新闻的客观性和记者的权威地位受到冲击⑤。另一方面，互联网和自媒体的使用提高了记者的工作效率，增加了记者与读者的互动，推动新闻生产流程的透明化⑥，也加速了新闻生产实践的创新，催生了新的角色期望——作为"知识管理者"的新闻媒体和记者⑦。

传统媒体与新媒体的融合，构成当前国内新闻生产的基本语境。随着媒体融合的推进，新媒体从外在的技术语境逐渐转变为传统媒体产业内在的结构特征，新闻生产的流程、机制和关系均发生不同层次的改变，新闻媒体在整个信息传播领域的位置和职能面临调整。简金斯指出，媒体融合改变技术、产业、市场、产品类型和受众之间的关系，应该被视为一种"文化"⑧。遗憾的是，迄今为止，鲜少有研究在记者—受众的关联性视野下描摹融合文化的形态。比较媒体融合时期地方报业内外对新闻媒体的角色认知，揭示融合文化的机

---

① TANDOC E C Jr,TAKAHASHI B.Playing a crusader role or just playing by the rules? Role conceptions and role inconsistencies among environmental journalists[J].Journalism,2014,15(7):889-907.

② 陆晔.新闻从业者的媒介角色认知——兼论舆论监督的记者主体作用[J].中国青年政治学院学报,2003(2):8-9.

③ 苏林森.宣传者、营利者和传播者——中国新闻从业者的角色认知[J].国际新闻界,2012(8):33-38,102.

④ 周葆华.中国新闻从业者的社交媒体运用以及影响因素：一项针对上海青年新闻从业者的调查研究[J].新闻与传播研究,2014(12):34-53;吴涛,张志安.调查记者的微博使用及其职业影响研究[J].中国地质大学学报(社会科学版),2015(4):109-117.

⑤ 白红义.塑造新闻权威：互联网时代中国新闻职业再审视[J].新闻与传播研究,2013(1):26-36.

⑥ 吴涛,张志安.调查记者的微博使用及其职业影响研究[J].中国地质大学学报(社会科学版),2015(4):109-117.

⑦ 郑忠明,江作苏.新闻媒体的知识管理：另一种角色期待——以《纽约时报》创新实践为例[J].新闻记者,2016(5):27-37.

⑧ JENKINS H.The cultural logic of media convergence[J].International journal of cultural studies,2004,7(1):33-43.

理,因此成为本章的理论出发点。

# 第二节  福建地区受众的媒介角色期望的测量方法

相对于其他社会科学研究方法,调查法尤其适用于考察数量庞大、难以召集的个体,发掘其态度、价值观和倾向等深层心理。作为质化研究方法,深度访谈尤其适用于"了解他人的'鲜活'经历,理解他们对其经历生成的意义"①。本节采取调查和深度访谈的方法,分别考察媒体融合时期一般受众与大学生群体的媒介角色期望。

## 一、调查

对于福建地方报业而言,一般受众如何理解新闻媒体的社会角色,是展开新闻实践的重要依据。2017年4月,笔者以福建地方报业的受众为研究对象,在厦门、福州、泉州三市六区采用配额抽样的方法收集数据。具体来说,首先,在厦门、福州、泉州三市各随机抽取2个区;然后,在抽取出来的厦门湖里区、集美区、福州台江区、晋安区以及泉州洛江区、鲤城区按照一定的配额进行抽样。配额标准如下:年龄方面,18~29岁的样本占50%,30~45岁的样本占30%,45岁以上的样本占20%;学历方面,大专及以下的样本占60%,本科及以上的样本占40%;收入方面,4 000~8 000元的样本占50%,4 000元以下的样本占30%,8 000元以上的样本占20%。在剔除从不接触福建地方报业的新闻媒体以及本市居住年限不到2年的样本后,共获得有效问卷304份。

调查问卷包括"媒介角色认知"和"人口统计学特征"两部分。借鉴周裕琼②、

---

① 赛德曼.质化研究中的访谈:教育与社会科学研究者指南[M].周海涛,等译,重庆:重庆大学出版社,2009:9.

② 周裕琼.互联网使用对中国记者媒介角色认知的影响[J].新闻大学,2008(1):90-97.

张志安[①]等人的操作化定义，媒介角色认知在本书中被界定为"个体对新闻媒体应该承担的社会职能的看法"。对这一变量的测量包括 10 个题项：新闻媒体应该致力于提高群众的知识与文化水平，宣传党和政府的政策，阻止谣言、流言的散播，传达群众的意见和呼声，准确客观地传达信息，对社会热点、民生话题等展开讨论，报道最大多数群众感兴趣的新闻，为群众提供娱乐和休闲，监督和批评党政机关及其工作人员的言行，监督和批评工商界的言行。以上所有题项均采用 5 点计分，从 1 到 5，1 代表"非常不重要"，5 代表"非常重要"。可靠性分析的结果显示，$\alpha$ 值为 0.76，表明媒介角色认知量表信度良好。

回收的有效问卷一一编号，录入 SPSS 19.0 以便进行统计分析。304 份受众样本中，厦门居民 100 人，占 32.8%，福州居民 102 人，占 33.6%，泉州居民 102 人，占 33.6%；年龄在 18～29 岁的受访者 152 人，占 50.0%，30～45 岁的受访者 91 人，占 29.9%，45 岁以上的受访者 51 人，占 20.1%；大专及以下的受访者 183 人，占 60.2%，本科及以上的受访者 121 人，占 39.8%；收入在 4 000 元以下的受访者 91 人，占 29.9%，4 000～8 000 元之间的受访者 152 人，占 50.0%，8 000 元以上的受访者 61 人，占 20.1%。

## 二、深度访谈

相对于其他群体，福建地方报业开设的新媒体在大学生群体中的渗透率比较低。了解该群体对新闻媒体尤其是福建地方报业开设的新媒体的看法，可以为媒体融合时期的新闻实践提供更丰富的经验证据。由于大学生群体具有较强的同质性，本书选取厦门地区的在校大学生作为分析对象。为保证分析对象的典型性，笔者同时招募经常使用传统媒体新媒体端的大学生以及从不接触此类媒体的大学生，这两类人群有充分的个人经验可以分享，能更好地回答本书的问题。另外，多样性也是笔者招募受访者的重要标准。既有研究显示，性别、年级、专业影响大学生群体的媒体使用行为[②]。因此，笔者招募了

---

① 张志安,沈菲.媒介环境与组织控制:调查记者的媒介角色认知及影响因素(上)[J].现代传播,2012(9):39-45;张志安,沈菲.媒介环境与组织控制:调查记者的媒介角色认知及影响因素(下)[J].现代传播,2012(10):35-40.

② 张敏,孙洋.大学生手机社交 APP 使用行为的实证分析——以上海理工大学为例[J].传媒,2013(11):61-63.

不同性别、年级和专业的大学生作为受访者，以提升访谈资料的多样性。

2016年7-8月，在兼顾"理论饱和度"（访谈结果开始重复，表明受访者数量接近理想规模）和可操作性的基础上，笔者采用滚雪球的方式，先后招募了11名在校大学生接受为时40～90分钟的深度访谈（表8-1）。为了了解受访者对新闻媒体社会职能的认知，笔者采用半结构性访谈的方式，在正式访谈之前初步拟定访谈提纲。该提纲包含四个主题：（1）新闻接触的习惯，包括偏好的新闻类型和获取新闻的渠道；（2）对常用的新闻获取渠道的评价；（3）是否关注福建地方报业的新媒体端及其原因；（4）理想的新闻媒体的形象。正式访谈基本围绕上述主题展开。访谈过程中，笔者会根据受访者的应答灵活地调整问题顺序，适时展开追问。访谈结束后，笔者按照主题对访谈资料进行整理和分析。

表8-1 受访者的基本情况

| 编号 | 性别 | 年级 | 专业 |
|---|---|---|---|
| 1 | 男 | 大四 | 国际关系 |
| 2 | 男 | 大二 | 化学 |
| 3 | 男 | 大二 | 数学 |
| 4 | 女 | 研一 | 公共事务 |
| 5 | 男 | 大二 | 公共事务 |
| 6 | 女 | 大四 | 物理机电 |
| 7 | 男 | 大一 | 物理 |
| 8 | 男 | 大四 | 新闻传播 |
| 9 | 男 | 研二 | 信息科学 |
| 10 | 女 | 研二 | 新闻传播 |
| 11 | 女 | 大四 | 外语 |

# 第三节　福建地方报业受众对新闻媒体的角色期望

以下呈现调查的结果，即福建地方报业受众如何看待新闻媒体的社会角色。在此基础上，比较福建地方报业的记者与受众在角色认知方面的异同。最后，尝试解释以上发现的内涵。

## 一、福建地方报业受众的媒体角色认知

探索性因子分析的结果显示，媒体角色认知这一变量共包含 5 个维度，可以解释总变异量的 67.39%（表 8-2）。第一个维度被命名为"质疑－批评"，主要涉及新闻媒体在揭示政治和经济领域的问题方面的职能。第二个维度被命名为"传播"，主要涉及新闻媒体在信息保真方面的职能。第三个维度被命名为"鼓吹"，主要涉及新闻媒体下情上达方面的职能。第四个维度被命名为"宣传"，主要指新闻媒体在政治宣传方面的职能。第五个维度被命名为"娱乐"，主要指新闻媒体在提供日常消遣方面的功能。

表 8-2　福建地方报业受众的媒介角色认知

| 角色 | | 均值 | 标准差 | 因子 | | | | |
|---|---|---|---|---|---|---|---|---|
| | | | | 1 | 2 | 3 | 4 | 5 |
| 质疑－批评 | (1)监督和批评党政机关及其工作人员的言行 | 4.07 | 0.87 | 0.77 | | | | |
| | (2)监督和批评工商界的言行 | 3.84 | 0.93 | 0.82 | | | | |
| 传播 | (1)准确客观地传达信息 | 4.38 | 0.73 | | 0.81 | | | |
| | (2)阻止谣言、流言的散播 | 4.26 | 0.79 | | 0.72 | | | |
| 鼓吹 | (1)传达群众的意见和呼声 | 4.31 | 0.71 | | | 0.67 | | |
| | (2)对社会热点、民生话题等展开讨论 | 4.18 | 0.81 | | | 0.85 | | |
| 宣传 | (1)宣传党和政府的政策 | 3.93 | 0.85 | | | | 0.81 | |
| | (2)提升群众的知识与文化水平 | 4.08 | 1.00 | | | | 0.82 | |

续表

| 角色 | | 均值 | 标准差 | 因子 | | | | |
|---|---|---|---|---|---|---|---|---|
| | | | | 1 | 2 | 3 | 4 | 5 |
| 娱乐 | (1)报道最大多数群众感兴趣的新闻 | 3.92 | 0.93 | | | | | 0.82 |
| | (2)为群众提供娱乐和休闲 | 3.52 | 0.99 | | | | | 0.77 |
| 特征值 | | | | 2.64 | 1.48 | 1.36 | 1.11 | 0.82 |
| 解释变异量(%) | | | | 24.01 | 13.49 | 12.32 | 10.08 | 7.49 |

## 二、记者和受众对媒介角色的认知差异

对比本次调查和此前记者职业角色认知调查(见本书第四章)的结果可知,就共同题项而言,受众和记者对五类媒介角色的排序完全一致(表8-3)。在这两个群体看来,"传播"是最重要的媒介角色,其次是"鼓吹""宣传"和"质疑－批评","娱乐"是最不重要的媒介角色。比较二者对同一角色的评分可知,受众较之记者更重视"宣传"和"质疑　批评"角色,更不重视"传播""鼓吹"和"娱乐"角色。方差分析支持这一观察结果,即受众和记者对"质疑－批评"角色($F=16.45$, df$=1$, $p<0.001$)、"传播"角色($F=86.30$, df$=1$, $p<0.001$)、"鼓吹"角色($F=69.40$, df$=1$, $p<0.001$)、"宣传"角色($F=26.73$, df$=1$, $p<0.001$)和"娱乐"角色($F=53.00$, df$=1$, $p<0.001$)的认知均存在显著差异。

表 8-3　记者和受众角色认知的比较(维度)

| 排序 | 记者的角色认知(均值) | 受众的角色认知(均值) |
|---|---|---|
| 1 | 传播(4.58) | 传播(4.32) |
| 2 | 鼓吹(4.33) | 鼓吹(4.25) |
| 3 | 宣传(3.83) | 宣传(4.01) |
| 4 | 质疑－批评(3.79) | 质疑－批评(3.96) |
| 5 | 娱乐(3.77) | 娱乐(3.72) |

为了进一步了解两个群体对新闻媒体的角色期望,笔者以记者和受众作为分类指标,比较角色认知量表中的单个题项(见表8-4)。方差分析的结果表明,两类群体在其中8个题项上存在显著的意见差异,分别是"提升群众的

知识与文化水平"($F=61.72$,df$=1$,$p<0.001$),"阻止谣言、流言的散播"($F=50.14$,df$=1$,$p<0.001$),"准确客观地传达信息"($F=60.23$,df$=1$,$p<0.001$),"对社会热点、民生话题等展开讨论($F=156.88$,df$=1$,$p<0.001$),"报道最大多数群众感兴趣的新闻"($F=37.38$,df$=1$,$p<0.001$),"为群众提供娱乐和休闲"($F=35.42$,df$=1$,$p<0.001$),"监督和批评党政机关及其工作人员的言行"($F=89.97$,df$=1$,$p<0.001$),"监督和批评工商界的言行"($F=14.32$,df$=1$,$p<0.001$)。仅在"宣传党和政府的政策""传达群众的意见和呼声"这两个题项上,记者和受众的看法不存在显著差异。

表 8-4　记者和受众角色认知的比较(单一题项)

| 角色 | 记者<br>($N=233$) | 受众<br>($N=304$) | F |
|---|---|---|---|
| | MS$\pm D$ | MS$\pm D$ | |
| 提升群众的知识与文化水平 | 3.74±0.99 | 4.38±0.89 | 61.72*** |
| 宣传党和政府的政策 | 3.91±0.82 | 3.95±0.87 | 0.29 |
| 阻止谣言、流言的散播 | 4.52±0.60 | 4.06±0.85 | 50.14*** |
| 传达群众的意见和呼声 | 4.38±0.63 | 4.26±0.76 | 3.72 |
| 准确客观地传达信息 | 4.64±0.58 | 4.17±0.76 | 60.23*** |
| 对社会热点、民生话题等展开讨论 | 4.27±0.73 | 4.12±0.85 | 156.88*** |
| 报道最大多数群众感兴趣的新闻 | 4.09±0.84 | 3.78±0.99 | 37.38*** |
| 为群众提供娱乐和休闲 | 3.44±0.97 | 3.60±1.00 | 35.52*** |
| 监督和批评党政机关及其工作人员的言行 | 3.96±0.85 | 4.18±0.85 | 89.97*** |
| 监督和批评工商界的言行 | 3.61±0.93 | 4.07±0.84 | 14.32*** |

注:*代表$p<0.05$,**代表$p<0.01$,***代表$p<0.001$。

# 三、总结与讨论

调查结果表明,无论是政治或经济领域,较之记者,受众都更重视新闻媒体发挥监督职能,即透过批评性报道揭露行政弊端和社会问题。在具有中国特色的社会主义新闻体制下,"质疑—批评"职能是"权力的体现",与新闻媒体具有"较高的社会地位和极大的政治权威"①密不可分。集团化改革开启以后,批评性报道在提高报业品牌形象方面的潜能逐渐显现,"质疑—批评"者成为国内新闻媒体承担的常规角色。爱德曼集团的调查数据显示,近年来,中国居民的整体信任度(尤其是企业信任度)呈下滑趋势②,民众对新闻监督的需求增加;与此同时,报业的整体营收下滑,继续履行监督职能的意愿降低。这两种截然相反的趋势,可以很好地解释记者与受众在"质疑—批评"角色上的认知差异。

调查还发现,受众比记者更看重新闻媒体的"宣传"角色。所谓宣传,就是服务于党和政府的政治宣传。记者和受众在喉舌角色上的认知差异,部分可以归因于经验世界的不同。对于记者来说,"提升群众的知识与文化水平"这一表述具有浓厚的意识形态色彩,是从解放前就开始的群众动员、政治宣传的一部分;而对于受众而言,这一表述指向的是无政治色彩的知识获取和文化启蒙,因而赋予其很高的权重。换言之,从不同的经验世界出发,记者和受众对同一题项的阐释存在差异,进而导致二者对喉舌角色重要性的不同评价。

另外,相对于记者,受众对新闻媒体传播者角色的认同度偏低。诚如前文所言,过去三十余年间,媒介角色变迁的轨迹之一,就是回归新闻本质,转向客观中立的传播者角色。近十年来,自媒体如日中天,用户生产内容在新闻传播领域的竞争力逐步显现③,记者的权威地位受到冲击④。面对日益严峻的外部环境,记者转而强调自身的专业性,尤其是强调信息保真的能力。对于记者来说,这一能力将他们区别于非专业信息提供者,是他们职业尊严的基础。然而,对于受众而言,面对海量的、碎片化的信息,内容的准确性固然重要,但更重要的或许是他们能从信息中获得谈资,形成自身的观点立场,从而更好地与他人交往。需求的错位成为当前记者和受众在传播者角色上的认知差异的根源。

最后,记者更看重新闻媒体发挥"鼓吹"职能,这与两方面因素有关:第一,

---

① 郭镇之.舆论监督与西方新闻工作者的专业主义[J].国际新闻界,1999(5):32-38.

② 爱德曼集团.中国企业信任度下滑[J].国际公关,2015(2):81-82.

③ 周葆华.中国新闻从业者的社交媒体运用以及影响因素:一项针对上海青年新闻从业者的调查研究[J].新闻与传播研究,2014(12):34-53.

④ 白红义.塑造新闻权威:互联网时代中国新闻职业再审视[J].新闻与传播研究,2013(1):26-36.

"为民请命""铁肩挑正义,妙笔著文章"的儒家传统一直是中国新闻从业者的底色①;第二,20世纪90年代中后期以来,都市报崛起,民生新闻勃兴,"鼓吹"角色的扮演为新闻媒体带来可观利润的同时,也让记者(尤其是调查记者)赢得良好的职业声望②。对记者来说,这一角色的重要性不言而喻。同样的新闻环境使得受众重视"鼓吹"角色,但他们缺少现实的驱动力,对该角色的重要性的感知不如记者群体强烈。

此外,值得注意的是,记者比受众更看重"报道最大多数群众感兴趣的新闻"职能,而受众比记者更看重"为群众提供娱乐和休闲"职能。二者对"娱乐"角色评分较为接近,可以归因于两个题项反向效应的相互抵消。

总体上,本书揭示了受众与记者在角色认知上的差异,可以为国内报业的媒体转型(尤其是融合新闻生产)提供有益指导:首先,在条件允许的前提下,增加批评性报道在融合新闻中的比重,揭露负面的社会现象和问题;其次,继续保持民生类新闻在事实性内容中的比重;再次,在提供事实性内容的同时,适当增加评论等以个人观点取胜的内容的比重;最后,在提供事实性以及观点性内容之余,有针对性地提供日常消遣类的信息。

# 第四节　大学生用户对新闻媒体的角色期望

在新闻界,随着新媒体(尤其是社交媒体)的勃兴,新闻的内涵和外延是否需要重新界定,成为最具争议性的话题之一。在"个人取代机构成为社会传播的基本单元"③的时代语境下,考察大学生群体对新闻本身的理解,是了解该群体对新闻媒体的角色期望的必要前提。

---

① 李金铨.超越西方霸权:传媒与"文化中国"的现代性[M].香港:牛津大学出版社,2004:61-93.

② 陆晔,潘忠党.成名的想象:中国社会转型过程中新闻从业者的专业主义话语建构[J].新闻学研究,2002(71):17-59.

③ 喻国明,张超,李珊,等."个人被激活"的时代:互联网逻辑下传播生态的重构——关于"互联网是一种高维媒介"观点的延伸探讨[J].现代传播,2015(5):1-4.

# 一、新闻：关于边界的异议

本次访谈发现，对于绝大多数受访者来说，使新闻区别于其他类型信息最重要的标准在于时效性，其次是重要性，即新闻"关注公众利益"（1号受访者），"跟大多数人都有关"（8号受访者），"在社会中有重要地位"（11号受访者）。尽管如此，有受访者认为，如果事件本身具有显著的社会影响，时效性就不再是衡量新闻的首要标准：

> 我一直以为新闻要具有时效性，要及时。可每个人（对）新闻的定义不太一样，（事件的）时间也不一定多新，我现在（就）喜欢关注多年前的事情然后再翻案（这样的新闻）。（**4号受访者**）

另外，信源也是评估信息新闻性的指标。一些受访者表示，由新闻机构发布的信息通常被当成新闻，而非新闻机构或个人发布的信息，即便具有很强的时效性，也不被当成新闻：

> 比如，在微博看到人民网发的消息，在微信上面看到一些推送，还有在贴吧里看到一些帖子。这三个来说，首先，在人民网看到的这些（消息）应该是新闻……在微信上推出的文章或贴吧里比较搞笑的信息，我觉得严格意义来说不能算是新闻……它（们）没有新闻的感觉，（即便）新闻时效性还是很强。（**2号受访者**）

访谈过程中，有受访者表示，新闻应该是客观报道，"加了主观意识就知道不是新闻"（6号受访者），"类似于访谈或者说点评这种应该不算新闻"（9号受访者）。但也有受访者指出，新闻经过加工和编辑，是"受政治经济管控的信息"（8号受访者），"传达了政府或者这些工作群体（新闻工作者）他们想要我们得到的信息"（11号受访者）。

对于绝大多数受访者来说，新闻与非新闻之间存在明显的界线。尽管如此，这些受访者大多表示，他们在日常生活中并不会刻意区分新闻与非新闻，进而有意识地获取自身所理解的新闻。例如，7号受访者就坦言，"其实没怎么判断（什么是新闻）……平时没有在意怎么看这个东西"。换言之，在多数受访者的日常性信息选择实践中，新闻与非新闻之间的界线实际上比较模糊。这一趋势在以下这位受访者有关新闻的表述中体现得尤其明显：

> 我觉得，我比较关心的信息就是新闻，我是把它们等同起来的……比如一个明星的行程，他最近在开演唱会（这样的信息），很多人不关注这些，但是我喜欢这个明星，我会觉得它就是一个新闻。（**10号受访者**）

## 二、硬新闻生产者：传统媒体不可承受之"重"

在日常生活中，受访者表示，他们大多基于个人兴趣选择特定类型的新闻，很少考虑专业方面的需要。相较于"硬新闻"，如时政新闻、经济新闻，绝大多数受访者对"软新闻"，如社会新闻、娱乐新闻，更感兴趣。造成这一局面的根本原因，在于受访者对新闻内容的相关性感知：硬新闻被等同于"国家大事"（2号受访者），它们离校园生活太远，"学生没有兴趣去了解"（4号受访者）。更重要的是，在绝大多数受访者心目中，相对于年轻人，老年人通常更关心政治，更喜欢硬新闻。因此，硬新闻针对的是"特定的人群"，如"政府官员""离职干部"（5号受访者）。包括大学生在内的年轻人不是硬新闻的目标人群，自然对这类新闻不感兴趣。

访谈过程中，笔者发现，一些受访者将传统新闻媒体等同于硬新闻的生产者，认为传统媒体代表政府的声音，充当"宣传的工具"（6号受访者）；新媒体"偏商业一些"（5号受访者），在内容选择方面比较不受限。在其中一位受访者那里，政治性和商业性成为界定媒体"旧"或"新"的首要标准：

> （媒体）新与否，不太能够按照它是纸质还是电子屏幕（来决定）……比如说厦门日报……它跟广告公关关系太紧密了，虽然（它）从形式上是比较传统的媒体，但我感觉它想做新媒体的事情……财经新闻或者澎湃虽然也接一些广告……但它（们）的采编和经营还是有严格的区别……我感觉他们偏向于传统媒体的形式。（**8号受访者**）

尽管政治性并不被视为传统媒体的劣势，例如，有受访者表示，相较于传统媒体，受到商业利益驱动的新媒体的内容筛选机制更隐蔽，更容易给人"一种被操纵的感觉"（6号受访者），但多数受访者还是在获取新闻时选择性地忽略传统媒体。在受访者提供的新闻接触渠道清单中,微博、微信、QQ、贴吧等社交媒体占据最大比重,其次是百度搜索引擎,再次是门户网站及其下属的手机新闻客户端,如腾讯新闻、天天快报、网易新闻、新浪新闻,最后是新兴新闻客户端和优质传统媒体创办的新闻客户端,如今日头条、澎湃、财经新闻。绝大部分受访者未使用过传统媒体开设的新媒体,如媒体微博、微信公众号、移动客户端等,个别受访者对这类新媒体的认识还停留在原始的数字化阶段:

> 我觉得可能是他们(传统媒体)没有好好宣传……至少没有宣传到我……我以为电子版就跟扫描版一样……看起来会很费劲。(2 号受访者)

国内有关青年人政治参与意识的研究发现,大学生群体呈现"政治冷漠"的趋势[1]。当前,大学生对国家政治制度普遍缺乏了解,对政府及其机构缺乏信任[2]。因此,当传统媒体被等同于硬新闻的生产者,与老年人、政治宣传工具联系在一起时,单纯的传播渠道的拓展,如开设"两微一端",很难帮助传统媒体赢得大学生群体的关注和青睐。

## 三、信息分享者:新闻媒体的理想角色

前文已经谈到,新闻与非新闻之间的界线正在变得日益模糊。严格意义上的新闻只是受访者了解外部世界的途径。在后者看来,理想的新闻媒体应该扮演"信息分享者"的角色。这一角色包含四方面的内涵:首先,媒体应该提供信息量充足的新闻;其次,媒体应该有针对性地提供新闻;再次,媒体应该在新闻之外提供观点;最后,媒体应该主动与用户展开互动。

### 1.信息量

首先,所谓信息量充足,指提供有价值的新闻,帮助用户获得更多新知识和信息。当前,为了吸引用户眼球,很多传统媒体创办的新媒体会有意识地借鉴商业媒体的内容策略,发布大量趣闻轶事、生活百科,采用"标题党"等。此

---

① 丁社教,崔喜凤.新时期大学生政治参与意识的研究综述[J].科学·经济·社会,2010(3):153-157.

② 戴建波."90后"大学生政治认同实证研究——基于湖北七所高校的调查分析[J].高教探索,2016(7):104-109.

类策略有助于短期阅读量的增加,但长此以往,效果可能适得其反:

> (人民日报微信公众号)它的东西太多了,有时候还有'夜读'、'荐读',(我)基本上很少看,这明显是心灵鸡汤……我基本就看第一条,第一条就是新闻。**(10 号受访者)**
>
> 有些(移动客户端)为了吸引眼球,题目设置得有些过分了,就是有些夸大……它给你一种错觉,(感觉)这个新闻好像很大,(实际)点进去之后没有什么新闻价值……这样的新闻多了之后,我感觉没有必要耽误我的时间,就卸载了。**(1 号受访者)**

受访者表示,理想的新闻媒体应该提供全面的新闻报道,无论用户对哪一类新闻感兴趣,都能从这一媒体上获取。另外,由于手机阅读的普遍性和特殊性,新闻媒体应该在内容的深度上有所控制,尽量提供精准短小的新闻。最后,传统广告的植入非常影响使用体验,新闻媒体应尽量减少传统广告在内容中的比重。一言以蔽之,在受访者看来,言之有物、多样、精炼、专注,是理想媒体在提供新闻时应该恪守的基本准则。

### 2.针对性

在提供有价值的新闻的同时,新闻媒体还必须注意新闻的针对性问题。所谓针对性,指的是根据用户的个人偏好推送新闻,方便用户快速获取自身感兴趣的新闻。实现这一目标的方法有二:一是将内容进行模块化处理,让用户在寻找自己感兴趣的新闻时能一目了然、方便快捷;二是透过大数据分析实现个性化的内容推送。从受访者对特定新闻获取渠道的评价可知,采用上述两种方法能改善用户的使用体验,增加用户的粘性:

> (网易新闻客户端好的地方在于)模块功能很清楚……该体育就是体育,该音乐就是音乐,该政治就是政治……最近广告很多……但它下面会有"推广"(字样),看得到,虽然有时候会误解,但还是可以区分出来。
> **(9 号受访者)**
>
> 现在手机只要登上百度的网页,它下面就会推荐新闻……你关注某个明星,在百度上搜过,百度(就会)记住你……之后(这个明星)就会在百度首页栏里面,下面都是新闻。现在(我)打开百度(的)频率非常高……基本天天用,虽然它的新闻很垃圾,但是自己也经常忍不住看。**(8 号受访者)**

### 3.立场

新闻媒体扮演"信息分享者"角色的关键,在于为用户提供观点。从访谈了解到,在受访者的日常生活中,获取谈资是他们主动接触新闻的重要目的。新闻帮助受访者了解外面正在发生的事情,这样"不管身边人说什么,你可以马上反应出来"(11号受访者)。即使是那些很少关注新闻的受访者,也会听到"有人讲……就(去)百度一下"(3号受访者)。能否获得有效的谈资甚至成为一位受访者筛选新闻接触渠道的首要标准:

> (只是偶尔看一下的原因在于)看了今日头条上面的新闻,我感觉我旁边的人和我不能聊到一个点上……很多消息我在(今日)头条上看了,但是别人不知道……如果我想评论一番,然后别人又不知道,(我)就觉得没什么意思。(5号受访者)

谈论新闻的过程并不仅是分享信息、增进联系的过程,也是表达和确认社会对于特定对象的价值判断的过程。加拿大社会学家欧文·戈夫曼曾经说过,社会互动本质上是"印象管理"的过程,个体在他人面前总是倾向于迎合并体现那些在社会中得到正式承认的价值①。在谈论新闻的过程中发表有见地的观点或符合社会多数人立场的观点,有助于建构良好的个体形象。因此,当发生广受媒体关注的新闻事件时,受访者会主动关注与新闻报道相关的评论,参考权威人士或普通用户的看法,形成自己的观点立场:

> 我个人喜欢看很多人的说法,看很多评论,然后再把各种观点结合起来,形成一个自己的想法。(6号受访者)

访谈过程中,不少受访者表示,他们愿意关注那些对新闻事件有深刻见解或独到看法的新闻媒体。做成功的"观点提供者",是在竞争激烈的互联网市场中举步维艰的传统媒体应该思考的议题。

### 4.互动性

"互动"也是受访者描述理想的新闻媒体时频繁使用的字眼。新闻媒体与用户的互动表现在多个层次:较低层次的互动表现为接受读者来信、电话或邮

---

① 戈夫曼.日常生活中的自我呈现[M].冯钢,译.北京:北京大学出版社,2008:29.

件，与用户展开即时交流；中间层次的互动表现为了解用户需求，有针对性地提供信息和观点；高层次的互动表现为允许和鼓励用户参与新闻事实和观点的产制过程。在"用户生产内容"成为互联网日常运作逻辑的前提下，增加与用户的互动有利于传统媒体在新媒体平台上培育和维系用户：

> 新媒体给你（传统媒体）提供一个很好的互动平台，所以你要经常跟粉丝互动起来，让他们感觉我是可以参与新媒体（中去的）……现在很多用户觉得自己有主动权，可以生产新闻，特别看重自己的权利……所以我觉得传统媒体也要借这个机会，放下自己的身段，多想一些办法（与用户）互动。（**8 号受访者**）

这意味着，理想的新闻媒体不仅要了解用户的需求，有针对性地提供新闻事实和观点，还要主动创造机会，帮助用户了解和介入新闻生产的流程，让用户成为新闻事实和观点的合作生产者而非单纯的接收者。只有达成这一目标，新闻媒体才能真正超越"信息提供者"的角色边界，转型成为"信息分享者"，成为受访者心目中理想的新闻媒体。

## 四、结论与讨论

近年来，随着媒介融合（尤其是全媒体融合）的推进，新闻的定义问题重回国内外新闻学界的视野①。在理解新媒体对新闻内涵的影响方面，学界立场不一：有研究者认为，传播技术改变了新闻的运作方式和呈现方式，但它不会动摇新闻的本质②；也有研究者指出，在新媒体传播情境下，新闻的边界趋于模糊③，有必要提出全新的新闻定义④。笔者与 11 名受访者的正式交谈表明，

---

① 部书锴.媒介融合视域下新闻学研究的 8 个新议题——基于国外新闻学研究者的文献综述[J].新闻记者,2012(7):21-24.

② 钟大年."颠覆"还是"重构"——关于新媒体环境下的"新闻专业主义"[J].现代传播,2014(9):140-144.

③ 原平方.情境即信息：兼论新媒体传播情境的三重特性[J].现代传播,2015(6):20-24.

④ 陈响园."新闻是新近信息的媒介互动"——试论新媒体传播背景下"新闻"的定义[J].编辑之友,2013(11):45-49.

大学生群体对于新闻的理解比较多元，"随每个人的认知和理解、需要和利益、兴趣和偏好而定义"①。尽管如此，绝大多数受访者依然是在现代新闻观念的框架内界定新闻，如强调新闻的时效性、重要性、客观性，新闻与非新闻的界线趋于模糊，但并未消失。在传播技术日新月异的今天，赋予新闻全新的内涵和外延为时尚早。未来研究可以聚焦新闻界定主体的互动关系，考察新闻媒体、用户和其他信息传播个体或组织如何在日常性的新闻传播活动中协商新闻的边界。

在解释报业营收下滑趋势时，媒体接触习惯的改变，常被视为传统媒体市场萎缩的首要原因。在 11 名受访者的日常性新闻获取活动中，社交媒体成为首要渠道。使用习惯确实是受访者更倾向于从社交媒体平台获取新闻的重要原因，但同样不应被忽视的，是大学生群体对于传统媒体的刻板印象——传统媒体被等同于硬新闻的生产者，与老年人、政治宣传工具联系在一起。这一态度是否会作用于大学生的媒体使用习惯，进而影响其新闻获取的渠道偏好，应该在未来研究中得到更多探讨。

在受访者的心目中，理想的新闻媒体应该扮演"信息分享者"的角色，这一认知在双重意义上构成对新闻专业主义的解构：一方面，它挑战新闻业倡导的客观、中立的报道理念；另一方面，它挑战新闻从业者作为专业新闻生产者的职业边界。此类角色认知的产生，与媒介融合的社会文化技术背景密不可分。陆晔、周睿鸣指出，媒介融合带来的新传播形态，激发新闻职业社区的专业控制和社会大众的开放参与之间的强大张力，推动组织化的新闻生产向协作性新闻'策展'的转变②。当前，强大的组织惯性，正在制约职业新闻记者向更适应新传播生态的理念和实践转型的步伐③。描摹影响新闻从业者的媒介角色认知的组织和媒体因素，发掘其对传统媒体深层次转型的影响，有望成为未来研究的另一焦点。

---

① 杨保军.民众新闻观念的实质及其可能影响[J].编辑之友,2015(10):5-11.

② 陆晔,周睿鸣."液态"的新闻业:新传播形态与新闻专业主义再思考——以澎湃新闻"东方之星"长江沉船事故报道为个案[J].新闻与传播研究,2016(7):24-46.

③ 陈宁,杨春.记者在社会化媒体中的新闻专业主义角色——以记者微博的新闻生产为例[J].现代传播,2016(1):133-138.

# 第八章 福建地方报业记者对
# 媒体融合的理解和评价

当前，媒体融合实践对地方报业的影响日趋明显，但相关的实证研究仍十分有限。本书第三章曾指出，叙事视角下的记者角色研究多致力于讨论作为行业基本语境的新媒体在新闻话语实践中的象征意义，却较少关注记者群体对作为新闻实践组成部分的新媒体的话语建构机制。因此，本书采用调查和深度访谈的方法，考察地方报业记者对媒体融合实践的感知和评价，揭示地方报业融合实践的内在机理——记者采用何种话语资源构建和维系自身在融合新闻生产中的权威性——以理解和反思"局内人"观点为基础，评估融合的影响。

## 第一节 媒体融合研究与记者视角的引入

"融合"这一术语最早出现于 20 世纪 80 年代[①]，从一开始，它就具有浓厚的技术色彩，被用来描述新媒介语境下不同传播形式间的界线趋于模糊的现象。早期有关融合的研究多关注媒介技术的创新。20 世纪 90 年代以来，随着电脑技术和通信网络的发展，融合的社会影响逐渐显现。新闻研究者对于媒体内容生产流程、规范及文化的集中关注，赋予融合这一术语"独特的、具有社会性的意涵"[②]。

---

① MENKE M，KINNEBROCK S，KRETZSCHMAR S，et al.Convergence culture in European newsrooms[J].Journalism studies，2018，19(6)：881-904.

② QUINN S.Convergence's fundamental question[J].Journalism studies，2005，6(1)：29-38.

# 一、界定媒体融合

对于西方的新闻研究者来说,媒体融合一般指"原本独立运作的新闻编辑室与现代传媒公司的其他部门之间的合作"①。中国学者更倾向于使用"全媒体"来描绘融合过程。作为中国业界自创的术语,全媒体"隐含着东方式的整体主义的身影"②。基于广泛的田野调查和深度访谈,麦尚文将"全媒体"定义为"建立在传媒新技术平台之上的报业新闻生产、传播与运营的结构化融合模式"③。

全媒体融合的定义与欧美国家基于当前实践提出的媒体融合的定义类似。尽管如此,正如门克等人在有关欧洲融合新闻的比较研究中指出的那样,国家和文化因素在很大程度上作用于融合的过程机制,进而影响新闻编辑室融合实践的形态④。为了更好地理解当前中国的融合实践,我们有必要考察那些赋予其独特性的因素。

# 二、影响中国媒体融合的因素

过去二十余年,中国的媒体融合经历三个阶段:第一阶段,从 20 世纪 90 年代中期到 90 年代末,传统媒体的内容平移到新媒体平台;第二阶段,21 世纪最初几年,传统媒体与新媒体展开内容生产协作;第三阶段,2006 年至今,传统媒体与新媒体展开深层次协作,进入全媒体融合阶段⑤。在中国,媒体融合与媒体的集团化、资本化同步发生,几乎贯穿媒体改革的全过程。换句话说,中国的媒体改革构成国内媒体融合的基本语境。回顾过去四十年可以发

---

① DEUZE M.What is multimedia journalism? [J].Journalism studies,2004,5(2):139-152.

② 嵇美云,查冠琳,支庭荣.全媒体社会即将来临——基于对"全媒体"概念的梳理和剖析[J].新闻记者,2013(8):37-41.

③ 麦尚文.全媒体融合模式研究[M].北京:中国人民大学出版社,2012:41.

④ MENKE M,KINNEBROCK S,KRETZSCHMAR S,et al.Convergence culture in European newsrooms[J].Journalism studies,2018,19(6):881-904.

⑤ 于正凯.技术、资本、市场、政策——理解中国媒体融合发展的进路[J].新闻大学,2015(5):100-108;李玮.跨媒体·全媒体·融媒体——媒体融合相关概念变迁与实践演进[J].新闻与写作,2017(6):38-40.

现,国家主导是中国媒体改革的主线。国内媒体改革的每一个关键性的时间节点,都离不开国家政策自上而下的助推。

中国媒体的市场化,始于中央级党报在 20 世纪 70 年代末的"破冰"。1978 年 12 月,国家出版局在全国报纸经理会议上正式宣布报社企业化经营,这标志着"事业单位,企业化管理"这一具有中国特色的媒体制度的诞生。1983 年,中共中央出台 37 号文件,鼓励传媒机构实行企业化经营。倡导和促进媒体组织和行业发展经济,从此成为中国媒体改革的核心内容。政策缺口打开后,广告在媒体收入中所占比重显著加大——截至 1992 年 10 月,全国实现财政独立的报纸已占总数的三分之一①。此后,促进经济发展和做强媒体产业成为中国媒体改革的主导议程。

1992 年 9 月下旬,十四届五中全会明确提出以"积极发展第三产业"作为未来产业结构调整的主要方向。1993 年,中共中央、国务院在《关于加快发展第三产业的决定》中将媒体行业正式列入第三产业,其作为新闻宣传机构和事业管理机构的基本属性不变。这意味着,国内媒体在营利、自谋发展的同时还需致力于宣传党和政府的正面形象。正是在这一制度框架下,20 世纪 90 年代中期,注重营利的都市报兴起。与党报不同,都市报会在内容方面有意识地迎合受众偏好,包括高度重视新闻的时效性、接近性和趣味性,关注社会和个人议题,不断增加娱乐性、休闲性内容等。在赵月枝②看来,这些举措是对传统党报的补充而非忤逆,它使主流意识形态进一步拓展至社会、私人乃至心理领域。

随着国家政策进一步放宽,中国媒体开始多元化运营。1996 年,广州日报报业集团宣告成立,揭开国内媒体集团化的序幕。尽管如此,直到千禧年以后,中国媒体的集团化进程才明显加速,这同样得益于系列政策的出台。2001年,中共中央宣传部、国家广电总局、新闻出版总署下发《关于深化新闻出版广播影视业改革的若干意见》,提出以资本和业务为纽带组建多媒体兼营和跨地区经营的媒体集团,并对集团的组织结构、资本结构等进行全面调整。2003年末,国务院下发《关于印发文化体制改革试点中支持文化产业发展和经营性

① ZHAO Y Z.Media,market,and democracy in China:between the party line and the bottom line[M].Urbana,Chicago:University of Illinois Press,1998:50.

② ZHAO Y Z.Media,market,and democracy in China:between the party line and the bottom line[M].Urbana,Chicago:University of Illinois Press,1998:159.

文化事业单位转制为企业的两个规定的通知》(国办发〔2003〕105号),将除新闻宣传以外的社会服务类、大众娱乐类节目和专业报刊出版等经营性资源从现在的事业体制中分离出来,实现市场化和资本化。自此,所有制领域的缺口进一步扩大,国内媒体改革进入资本化阶段。

中国媒体改革的历程,与国家政治意识形态从矛盾论、全能观向经济中心论、分权制衡观、发展观转变的内在逻辑基本吻合①。尽管如此,这并不意味着政治决定论足以解释中国的媒体改革。从事业向企业、集团转变,引发的不仅是媒体行业规模、结构和管理理念的革新,还有增加经济收益的自觉,以及"透过游说和主动尝试,将资本主义、私有制等有益于自身利益的观念转化为媒体改革的合理内核的倾向"②,这些都不是"政治正确"所能解释的。另外,技术同样是中国媒体改革的重要助推力。改革开放以来,卫星技术、互联网、移动互联网等技术的出现和普及,改变了中国媒体的微观形态、产业结构、商业模式和经营思路,媒体改革的进程加速③。

回顾二十余年的媒体改革历程,经济和技术逻辑多依附于政治逻辑,在后者的边界和框架内发挥影响。例如,整个新闻改革的过程中,宣传是媒体必须履行的职能。尽管如此,营利与宣传、市场与国家之间的有限张力,还是为报业的策略性发展提供了空间。在20世纪90年代早期,中国报业利用国家与资本之间的张力策略性地拓展政策边界④。例如,采用结构性"分区"的经营管理策略⑤和在政策范围内最大程度实现新闻价值的内容策略⑥。从"党的喉

---

① 李继东,胡正荣.中国政治意识形态与传媒改革:关系与影响[J].新闻大学,2013(4):10-16,49.

② 李继东,胡正荣.中国政治意识形态与传媒改革:关系与影响[J].新闻大学,2013(4):10-16,49.

③ 熊澄宇,吕宇翔,张铮.中国新媒体与传媒改革:1978—2008[J].清华大学学报,2010(1):127-132.

④ AKHAVAN-MAJID R. Mass media reform in China: toward a new analytical framework[J].Gazette: the international journal for communication studies,2004,66(6):553-565.

⑤ PAN Z D.Spatial configuration in institutional change:a case of China's journalism reforms[J].Journalism,2000,1(3):253-281.

⑥ ZHAO Y Z.Toward a propaganda/commercial model of journalism in China? The case of the Beijing Youth News[J].Gazette,1996,58(3):143-157.

舌"到"党的公关公司"①，报纸在履行宣传职能的同时获得实质性的市场回报。

李金铨等人②指出，虽同为"政党-市场合作主义"，由于权力结构与市场经济的成熟度不同，不同地区报业的发展模式存在显著差异。例如，广州报业代表"意识形态界限内的市场竞争"模式，表现为广州的三大报业通过不同的内容策略展开激烈竞争——《广州日报》和《羊城晚报》主要报道日常生活，避免"宏大叙事"；《南方都市报》和《南方周末》则更多刊登曝光性报道，宣导自由理念③。

## 三、中国报业融合的动力

中国媒体融合目标的官方表述是应对信息技术革命带来的冲击。其中，营收下滑是国内报业在媒体融合过程中始终扮演先导者角色的诱因之一。早在 2008 年，报业就呈现衰退之势，直到 2015 年，中国电视媒体才首次呈现广告投放量下滑趋势，广播媒体的广告收入仍基本保持稳定④。发行和广告收入的断崖式下滑，通常被归咎于新媒体的冲击，如受众媒介接触习惯的改变、自媒体的勃兴。因此，较之广电业，报业对新媒体冲击的感知更强烈，与新媒体融合的内驱力更强。

此外，舆论影响力的式微是促发中国报业推进全媒体融合的另一关键因素。这在习近平总书记的"8·19"讲话中有所体现："加快传统媒体与新兴媒体融合发展，充分应用新技术新应用创新媒体传播方式，占领信息传播的制高点。"⑤它与 20 世纪 90 年代晚期传媒集团化改革类似——改革的合法性源于将国内媒体"做大做强"以应对 WTO 时代国外传媒集团冲击的政策话语；实

---

①　LEE C C, HE Z, HUANG Y."Chinese party publicity Inc." conglomerated: the case of the Shenzhen Press Group[J].Media, culture and society, 2006, 28(4):581-602.

②　LEE C C, HE Z, HUANG Y.Party-market corporatism, clientelism, and media in Shanghai[J].The international journal of press/politics, 2007, 12(3):21-42.

③　LEE C C, HE Z, HUANG Y.Party-market corporatism, clientelism, and media in Shanghai[J].The international journal of press/politics, 2007, 12(3):21-42.

④　崔保国.中国传媒产业发展报告[R].北京：社会科学文献出版社, 2016:6-8.

⑤　人民网.加快推动传统媒体和新兴媒体融合发展[N/OL].(2014-04-23)[2017-11-02].http://politics.people.com.cn/n/2014/0423/c1001-24930310.html.

践过程中,多数报业集团组建的驱动力更多源于行政力量而非经营需要,消除舆论乱象是催生"集团化"改革的关键因素①。

与欧美国家不同,中国报业的融合举措并不仅仅是市场和技术逻辑作用的结果。在媒体融合的各个阶段,国家力量都扮演重要角色。20 世纪 90 年代中后期报媒的"触网"行动,"以国家为投资主体","以国家级大型媒体为先导"②,自上而下推广进行。21 世纪初,报纸与新媒体内容生产协作关系的确立,同样离不开国家的介入和推动,包括审批建设一系列国家和地方重点新闻网站,放开新闻网站的原创内容生产资质。始于 2006 年的全媒体融合浪潮,也与官方的"顶层设计"密不可分。最初,新闻出版总署同时扮演项目发起者和监管者的角色,此后,无论是中央或地方报业的全媒体融合,都在很大程度上依赖政府的资金支持。

作为媒体改革的重要组成部分,中国的媒体融合具有明晰的国家主导色彩,这是它与欧美国家的媒体融合的主要差异。考察中国报业的媒体融合,必然要探讨有中国特色的媒体体制,但这并不意味着中国报业的媒体融合是铁板一块。经济、技术、政治三股力量之间的张力,同样形塑着中国媒体融合的进路③。受权力结构、区域经济发展水平、报业经营现状、报业前期的数字化程度等因素的影响,中国报业的媒体融合路径呈现显著的地域多样性。

麦尚文以报纸和网站的关系为参考,将国内报业的媒体融合路径分为三类:延伸改良式,建立以报纸为核心的融合平台,避免触及内容生产和报业结构;新媒体带动式,确立以新媒体为核心的融合平台,推动报纸渐进性地转变流程、关系和理念;整体转化式,用全新的结构取代报业的原有结构④。其中,"延伸改良式"因较少触动报业内在的结构性制约而为大多数报业所采纳,成为这一行业全媒体融合的主流路径。

迄今为止,既有研究集中考察媒体融合的先驱者。作为"追随者"的其他报业,尤其是那些采用主流模式推进媒体融合的地方报业,在研究图景中沉寂

① CHEN H L,LEE C C.Press finance and economic reform in China[M]//CHENG J.China review.Hong Kong:Chinese University Press,1998:577-609.

② 于正凯.技术、资本、市场、政策——理解中国媒体融合发展的进路[J].新闻大学,2015(5):100-108.

③ 于正凯.技术、资本、市场、政策——理解中国媒体融合发展的进路[J].新闻大学,2015(5):100-108.

④ 麦尚文.全媒体融合模式研究[M].北京:中国人民大学出版社,2012:118-119.

不显,很少得到关注,而它们恰恰是赋予中国媒体融合图景以地域多样性的关键所在。相关研究的欠缺,使得聚焦地方报业媒体融合变得迫切。

## 四、记者视角下的媒体融合

2006 年前后,在报业普遍开启数字化战略的语境下,国内学界开始探讨"媒体融合"对新闻生产的潜在影响。有研究者认为,作为媒体融合的产物,"融合新闻"意味着新闻生产的主体、消息源、传播载体、内容形式和工作流程等的改变①。

2008 年以后,"全媒体"成为学界考察中国报业的关键词。关注媒体融合的影响的研究呈现为两类取向:媒体经济学取向,多采用案例分析的方法,结合研究者自身的观察,梳理总结报业融合案例中的经验和问题,从企业运营的角度评估媒体融合对报业发展的影响②;媒体表现取向,采用内容分析的方法,考察报业新媒体终端的内容呈现方式,从媒体表现的角度预测融合对社会民主化进程的影响③。市场导向的研究着眼于报业融合的"顶层设计",缺少社会关怀和理论建构;规范导向的研究注重融合媒体的伦理和义务,具有强烈的社会关怀,但难以得到业界的体认。两类研究都不足以解释"媒体融合为何产生影响"。毕竟,新闻传播的主体依然是记者。媒体融合的推进离不开自上而下的制度安排,更离不开新闻从业者(尤其是记者)自下而上的承诺和参与,正是这两方面的合力,决定媒体融合的影响范围、强度及性质。

简金斯指出,媒体融合改变技术、产业、市场、产品类型和受众之间的关系,应该被视为一种"文化"④。聚焦融合新闻生产的过程,注重新闻工作主体的能动性,是文化取向的融合研究的特质。透过对作为社会结构的新闻制度、

① 蔡雯.媒介融合前景下的新闻传播变革——试论"融合新闻"及其挑战[J].新闻大学,2006(5):31-35.

② 杨保达.第一财经"全媒体战略"的 10 年问题考察(2003—2013)[J].新闻大学,2013(2):113-120;唐英,曹新伟.都市报全媒体转型的路径与困境思考——基于《华西都市报》的个案考察[J].西南民族大学学报(人文社会科学版),2015(12):174-178.

③ 蔡雯.媒体微博:新闻传播变革的试验区——从地方报纸两会报道中的微博利用说起[J].新闻记者,2011(3):38-41;黄炎宁.数字媒体与新闻"信息娱乐化":以中国三份报纸官方微博的内容分析为例[J].新闻大学,2013(5):54-64.

④ JENKINS H.The cultural logic of media convergence[J].International journal of cultural studies,2004,7(1):33-43.

传媒管理模式与作为个体行动者的新闻从业者之间的关系的考察,此类研究有助于我们重新审视媒体融合的制度安排与行动者逻辑之间的相互作用,从微观层面上认识和再认识社会关系、实践、话语和制度,超越媒体经济学和媒体表现两种研究进路的局限性。

文化进路下的研究大多聚焦媒体融合对新闻编辑室的工作惯例、记者技能和媒体角色的影响。研究发现,媒体融合改变新闻编辑室信息采集、编辑和报道的惯例[①];多元技能的要求加大了新闻实践的压力[②];随着专业机构生产内容与用户生产内容的合流日益得到社会体认,新闻媒体的传统角色,如"把关""议程设置"受到明显冲击[③]。虽然面临多重挑战,记者并不必然对媒体融合持有负面态度。媒体融合的程度和媒体组织的规模都会影响记者对融合新闻的看法,进而左右他们对媒体融合的态度[④]。

迄今为止,从国内记者的感受出发,评估媒体融合影响的文献非常少。有限的研究揭示了记者对媒体融合模棱两可的态度以及多重影响因素。例如,陈韬文等人[⑤]对上海、杭州两市的一线全职记者进行的调查显示,传统主流媒体创办的新闻网站被认为(较之商业门户网站创办的新闻网站)更可信,其中的可信度取决于记者的新闻理念。另一项以深圳报业集团的记者为深度访谈

① PHILLIPS A, SINGER J B, VLAD T, et al. Implications of technological change for journalists' tasks and skills[J]. Journal of media business studies, 2009, 6(1):61-85.

② WALLACE S. The complexities of convergence: Multiskilled journalists working in BBC regional multimedia newsrooms[J]. International communication gazette, 2013, 75(1): 99-117.

③ QUANDT T, SINGER J B. Convergence and cross-platform content production [M]//WAHL-JORGENSEN K, HANITZSCH T. The Handbook of Journalism Studies. New York: Routledge, 2009: 130-144; WILLIAMS B A, DELLI CARPINI M X. Unchained reaction: the collapse of media gatekeeping and the Clinton-Lewinsky scandal [J]. Journalism, 2000, 1(1):61-85.

④ SALTZIS K, DICKINSON R. Inside the changing newsroom: journalists' responses to media convergence[J]. ASLIB proceedings, 2008, 60(3):216-228; MISHRA S. Media convergence: Indian journalists' perceptions of its challenges and implications[J]. Convergence: the international journal of research into new media technologies, 2014, 22(1):102-112.

⑤ CHAN J M, LEE F L F, PAN Z D. Online news meets established journalism: how China's journalists evaluate the credibility of news websites[J]. New media & society. 2006, 8(6):925-947.

对象的研究则宣称,推进媒体融合根本是一种"合谋",是不愿意用自己的仕途冒险的集团领导对外做出的"与时俱进"的姿态①。基于这些研究,可做出如下论断:为了更深入地发掘媒体融合对中国报业的影响,有必要将国家、媒体组织和记者的关系纳入考虑。

相较之媒体融合效果研究,国内学界多将注意力放在新媒体对新闻生产的影响上,取得丰富成果。研究显示,记者对新媒体的态度十分复杂:一方面,他们认为互联网和自媒体的使用提高了记者的工作效率,增加了记者与读者的互动,推动了新闻生产流程的透明化②,有助于记者组建线上职业共同体,控制和协商群体身份边界③;另一方面,越来越多的记者倾向于将"新闻理想"的失落归因于新媒体引发的压力④。进入 21 世纪以后,随着移动互联网的发展和自媒体的普及,来自网民的信息和言论逐渐成为传统新闻媒体和普通民众的重要消息来源⑤,记者在新闻报道中调查和核实事实的影响力趋于弱化,新闻的客观性和记者的权威地位受到冲击⑥。

简单而论,媒体融合是将新媒体整合到传统媒体体系中的过程。了解记者对新媒体的看法有助于我们理解该群体对媒体融合的态度。媒体融合其实隐含了一个基本预设,即新闻生产将日益向注重时效性、互动性和用户中心的方向发展。当新闻编辑室的工作惯例急速调整,尤其是当受众越来越多地参与新闻生产,专业边界日益模糊时,应尽早明确下列问题:记者对新媒体的看法是否会更趋负面? 这类看法将如何影响他们对媒体融合的态度?

---

① YIN L G, LIU X Y. A gesture of compliance: Media convergence in China[J]. Media, culture & society, 2014, 36(5):561-577.
② 吴涛,张志安.调查记者的微博使用及其职业影响研究[J].中国地质大学学报(社会科学版),2015(4):109-117.
③ 鞠靖.深度报道生产方式的新变化——深度报道记者 QQ 群初探[J].新闻记者,2012(1):68-73;刘于思.从单位组织到话题参与:记者职业群体微博客社会网络的形成机制研究[J].新闻与传播研究,2013(1):67-81,127.
④ 丁方舟,韦路.社会化媒体时代中国新闻人的职业困境——基于 2010—2014 年"记者节"新闻人微博职业话语变迁的考察[J].新闻记者,2014(12):3-9.
⑤ 周葆华.中国新闻从业者的社交媒体运用以及影响因素:一项针对上海青年新闻从业者的调查研究[J].新闻与传播研究,2014(12):34-53;吴涛,张志安.调查记者的微博使用及其职业影响研究[J].中国地质大学学报(社会科学版),2015(4):109-117.
⑥ 白红义.塑造新闻权威:互联网时代中国新闻职业再审视[J].新闻与传播研究,2013(1):26-36.

在国家、媒体组织和记者的关系语境下,本书从地方报业记者的新媒体态度出发,考察该群体对媒体融合的感知和评价,揭示主流融合路径的实现方式及其影响机制,为描摹中国媒体融合的地域多样性提供必要的经验基础。拟探讨的具体问题如下:

RQ1:地方报业记者如何看待新媒体对新闻生产的影响?他们的看法是否存在个体差异?如果是,具体有哪些?

RQ2:在地方报业记者看来,媒体融合的当前举措给新闻生产带来了哪些改变?他们如何看待这些改变?

RQ3:地方报业记者对新媒体的看法与他们对媒体融合的看法是否一致?如何解释二者的一致/不一致?

# 第二节　福建地方报业记者的媒体融合观的测量方法

具体说来,本书采用调查和深度访谈的方法,以福建地方报业的记者作为分析对象,评估媒体融合对新闻生产的影响。当前,福建省共有四家规模较大的地方报业,分别是厦门日报报业集团,拥有《厦门日报》《厦门晚报》《海西晨报》三家综合性日报;福建日报报业集团,拥有《福建日报》《海峡都市报》《海峡导报》三家综合性日报;福州日报社,拥有《福州日报》《福州晚报》两家综合性日报;泉州晚报社,拥有《泉州晚报》《东南早报》两家综合性日报。总体上,福建地方报业的规模和影响力在全国地方报业中居于中游。

2009年前后,为了应对计算机普及所导致的读者流失问题,维持和扩大报纸的影响力,福建各大报业开始创办电子报,将报纸内容移到计算机端,以增加与读者的互动。2011、2012年间,微博、微信兴起,福建地方报业开始陆续试水"两微"。在这一阶段,报纸依然是报业的营收支柱。在福建大多数报业内部,"两微"仍由报纸新闻采编人员兼职运营,很少得到领导层的重视。2012年年底,福建地方报业的广告和发行收入大面积下滑,宣告进入"寒冬"。2014年,习近平总书记发表"8·19"讲话,福建地方报业陆续得到地方财政的支持,真正统一思想,推进全媒体融合。就在这一年,厦门日报报业集团得到市政府的大力扶持,率先创建"融媒体中控平台",成立新媒体中心。省内其他几家报业随后跟进。

福建地方报业采取"延伸改良式"融合路径：首先，引进技术，创建融合新闻生产平台；其次，成立新媒体中心，与党报同级别，再从报社分出一批人组成中心的专职采编团队，运营新媒体终端尤其是网站和"两微一端"；最后，进行新闻生产的流程再造，将多种来源的信息统一导入融合新闻生产平台，再由中心的采编团队对可用信息进行统一处理，转化为内容产品。整体上，与国内绝大多数地方报业一样，福建地方报业也是近几年才开始在不涉及结构调整和运营模式融合的基础上推进报纸与新媒体（在新闻生产领域）的融合。因此，无论是在融合进度或路径选择上，福建地方报业都具有典型性。

## 一、调查

笔者首先采用调查法考察福建地方报业记者对新媒体的态度及其影响因素，以回答研究问题一。本次调查系福建地方报业记者职业角色认知调查的一部分，有关角色认知及其影响因素的发现已在第四章第六章分别报告，本章着重报告以媒体态度方面的数据。基于既有研究[①]，有关新媒体态度的测量从两方面展开：一是对新媒体给新闻工作带来的改变的感知，二是对这些改变的总体评价。前一变量的测量采用5点计分的量表，1代表"非常不同意"，5代表"非常同意"，共包含6个题项，分别是：(1)新媒体拓展新闻来源；(2)新媒体增进记者与工作相关人群的联系；(3)新媒体加深记者对受众的了解；(4)新媒体提升对记者专业技能的要求；(5)新媒体增加记者与同行竞争的激烈程度；(6)新媒体降低新闻采编工作在报业内部的重要性。后一变量的测量同样采用5点计分的量表，1代表"非常消极"，5代表"非常积极"，下设单一题项：您认为新媒体对新闻生产的整体影响如何？此外，人口统计学变量，包括年龄、性别、受教育程度、工作年限和所在报纸类型亦得到测量。在问卷的最后，受访者会被咨询是否愿意接受访谈并留下联系方式。

---

① 周葆华.中国新闻从业者的社交媒体运用以及影响因素：一项针对上海青年新闻从业者的调查研究[J].新闻与传播研究,2014(12):34-53;吴涛,张志安.调查记者的微博使用及其职业影响研究[J].中国地质大学学报(社会科学版),2015,15(4):109-117.

## 二、深度访谈

接下来,笔者展开深度访谈以解释记者对新媒体的态度,同时回答研究问题二和三。之前的调查中,共有 12 名受访者留下联系方式,接受深度访谈。由于全媒体转型涉及报业内部各报社、部门之间的整合,深度访谈对象的招募以报业系统而非报社为单位展开。为了更好地了解报业全媒体转型的现状,在纸媒记者之外,笔者还招募了新媒体中心的管理者和编辑作为谈话伙伴,他们都是从纸媒转到报业内部的新媒体,具有不同程度的新闻采编经验,在理解和评估全媒体转型方面可以提供"局内人"的视角,与纸媒记者的观点相互补充和佐证。2016 年 2 月至 3 月,笔者采用滚雪球的方式,招募 8 名新媒体中心的管理者或编辑接受深度访谈。

笔者采用半结构性访谈的方式与谈话伙伴进行互动。访谈提纲主要围绕三个主题展开:(1)在日常工作中使用新媒体的情况以及对新媒体的评价,(2)所在报业的媒体融合举措及其对自身工作的影响;(3)对国内报业媒体融合成效的评价。针对纸媒记者、新媒体中心的管理者、新媒体编辑,问题提纲在具体表述方式和序列安排上有所区别。

整个访谈分两轮展开。考虑到厦门日报集团在媒体融合方面的示范效应,笔者先联系 7 名来自这一机构的媒体从业者接受第一轮访谈。其中,新媒体中心的管理者 1 名,编辑 1 名,报社记者 5 名。在基本了解厦门日报记者对媒体融合的看法后,笔者展开了第二轮访谈。来自福建日报集团、福州日报社和泉州晚报社的 3 名新媒体中心管理者、3 名新媒体中心编辑以及 7 名报社记者参与了这一轮的访谈。除了采用电话访谈的方式访问了福建日报报业集团的一名记者外,其他 19 名谈话伙伴的访谈均采用面对面交谈的方式进行(见表 8-1)。

表 8-1　受访者的基本信息

| 编号 | 报社所在地 | 职位 | 访谈类型 |
|---|---|---|---|
| 1 | 厦门日报报业集团 | 新媒体中心管理者 | 面对面访谈 |
| 2 | 厦门日报报业集团 | 纸媒记者 | 面对面访谈 |
| 3 | 厦门日报报业集团 | 纸媒记者 | 面对面访谈 |
| 4 | 厦门日报报业集团 | 纸媒记者 | 面对面访谈 |
| 5 | 厦门日报报业集团 | 新媒体中心编辑 | 面对面访谈 |
| 6 | 厦门日报报业集团 | 纸媒记者 | 面对面访谈 |
| 7 | 厦门日报报业集团 | 纸媒记者 | 面对面访谈 |
| 8 | 泉州晚报社 | 新媒体中心管理者 | 面对面访谈 |
| 9 | 泉州晚报社 | 新媒体中心编辑 | 面对面访谈 |
| 10 | 泉州晚报社 | 纸媒记者 | 面对面访谈 |
| 11 | 泉州晚报社 | 纸媒记者 | 面对面访谈 |
| 12 | 泉州晚报社 | 纸媒记者 | 面对面访谈 |
| 13 | 福建日报报业集团 | 纸媒记者 | 电话访谈 |
| 14 | 福建日报报业集团 | 纸媒记者 | 面对面访谈 |
| 15 | 福州日报社 | 新媒体中心编辑 | 面对面访谈 |
| 16 | 福建日报报业集团 | 纸媒记者 | 面对面访谈 |
| 17 | 福州日报社 | 新媒体中心管理者 | 面对面访谈 |
| 18 | 福州日报社 | 新媒体中心编辑 | 面对面访谈 |
| 19 | 福州日报社 | 纸媒记者 | 面对面访谈 |
| 20 | 福建日报报业集团 | 新媒体中心管理者 | 面对面访谈 |

　　在访谈资料收集完毕后，笔者将匿名处理后的资料委托给专业公司进行转录。以录音稿为基础，笔者对深度访谈的结果进行分析：首先，对录音稿进行逐行编码，定义与研究问题相关的句段，完成初始编码；其次，聚焦频繁出现的句段，对代码进行整合，形成新的代码；最后，寻找新代码之间的联系，将其重新排列，在此基础上，构建连贯性的理论阐释。

# 第三节 福建地方报业记者对
# 媒体融合的看法

本节旨在呈现调查和深度访谈的结果,共涉及两个层面的议题:首先,记者如何看待新媒体对新闻生产的影响;在这一前提下,记者如何看待媒体融合对新闻生产的影响。

## 一、记者对新媒体的影响的感知

调查结果显示(见表 8-2),在福建地方报业的记者看来,新媒体在很大程度上拓展了新闻来源,方便了记者与新闻工作相关人群的联系。与此同时,新媒体也对记者的专业技能提出更高要求,引发更激烈的同行竞争。此外,受访者比较认同新媒体在增加记者对受众的了解方面的影响,但不太认同新媒体的使用降低了新闻采编工作重要性的说法。在受访者看来,新媒体对新闻生产的影响整体比较正面。

表 8-2 新媒体感知与评价的均值和标准差(N=233)

| 评价 | 均值 | 标准差 |
| --- | --- | --- |
| 新闻来源拓展了 | 4.36 | 1.09 |
| 与工作相关人群的联系更便利了 | 4.25 | 1.14 |
| 对受众的了解加深了 | 4.06 | 1.24 |
| 对记者专业技能的要求更高了 | 4.39 | 1.12 |
| 与新闻同行之间的竞争更激烈了 | 4.59 | 1.09 |
| 在报业内部,新闻采编工作的重要性降低了 | 2.99 | 1.67 |
| 对新闻工作的整体影响 | 3.47 | 0.91 |

为了了解记者群体的内部差异,笔者还分析了记者对新媒体的态度与其人口统计学因素之间的关系。方差分析的结果显示,性别和受教育程度不影响受访者对新媒体带来的改变的感知,也不影响其对新媒体的整体影响的评

价；报纸类型不影响受访者的影响感知，但显著影响其评价（$F = 14.11$，$p < 0.001$）。相关分析的结果显示，受访者的年龄和工作年限与其影响感知无关，与其对新媒体整体影响的评价正相关（$r = 0.19$，$p < 0.01$；$r = 0.15$，$p < 0.05$）。虽然福建地方报业的记者都意识到新媒体给新闻生产带来的改变，但一方面，与党报记者相比，都市报记者对这些改变的评价更负面；另一方面，记者的年龄越大，工作年限越长，他们对这些改变的评价越积极。这些发现为接下来访谈提纲的编制和受访者的招募提供了经验基础。

## 二、记者对融合新闻生产的影响的感知

从深度访谈的资料来看，在媒体融合这一话题上，福建地方报业记者的态度并不像他们对新媒体那么积极。新媒体中心的建立和新闻生产流程的重构，要求记者为新媒体中心供稿，以缓解新媒体内容匮乏的局面。这是媒体融合给福建地方报业新闻工作带来的主要变化。访谈过程中，无论是新媒体中心的主管、编辑还是报纸记者都表示，全媒体融合对新闻生产的时效性和准确性的要求提高，加大了记者的工作强度，但并未从根本上改变新闻的认知、评价和操作方式。部分记者很快适应融合新闻生产的要求，主动供稿，但仍有大部分记者表达了对供稿的抵触情绪。

### 1."体制内"与"体制外"的博弈

在占领信息传播高地、加强传统媒体舆论引导力的顶层设计框架下，福建地方报业推进媒体融合，尝试在规避风险、争取财政支持的同时实现市场回报的最大化。为了规避内容管控方面的风险，福建地方报业的新媒体中心确立了从"编辑-中心主任-报社领导"的三级审稿机制。严格的风险管控为福建地方报业赢得政策红利。例如，厦门日报投入超过 100 万元的新媒体中心得到市领导的肯定，之后获得超过 2 000 万元的财政支持（**1 号受访者**）。

尽管如此，自市场化以来确立的"自负盈亏"原则，使得福建地方报业难以获得持续的国家财政投入，探索新的营利模式因此成为媒体融合的目标。迄今为止，放眼整个福建地方报业，仅有少数新媒体实现盈利。在地方记者看来，正是内容上的"先天不足"和严格的审稿体制导致盈利上的"后天乏力"。

受访者强调，福建地方报业内容上的同质化程度较高，缺乏竞争力。实行三级审稿机制以后，融合新闻生产的风险得到有效管控，但信息发布的时效性降低，记者的自主空间也受到挤压。在敏感性议题上的报道口径上，新媒体与

报纸一样有限,有时甚至更小:

> 报社的新媒体也是党纪原则第一……现在舆论这一块还是管得非常严的,(报社)经常隔三差五地开会讲这个问题。(**3 号受访者**)
>
> 比如说前段时间……报纸上可以登地铁一号线、地铁二号线工程中发现很多问题,省建委对建设党委进行了通报批评……但是新媒体这块领导不让我们发……理由是网络上的东西影响力很大。(**17 号受访者**)

另一边,尽管自 2002 年实行《互联网出版管理暂行规定》以来,国内出台了一系列的法律法规来监管互联网的内容,商业性的自媒体还是凭借用户生产内容的规模效应和灵活性赢得极其可观的市场回报。在受访者看来,作为"体制外"的主要竞争对手,那些在内容生产和传播过程中扮演意见领袖、不受宣传部门直接管制的自媒体"大 V"们拥有并不亚于传统媒体的公信力:

> 很多网红啊,包括什么名人啊,像吴晓波啊,罗胖啊,不都是自己搞?赚很多钱,他的公信力非常高,非常有影响力。(**16 号受访者**)

受访者强调,自媒体进一步挤压了福建地方报业所辖新媒体在内容方面的竞价空间。更重要的是,即便是不符合新媒体运作规律的三级审稿机制,在融合新闻生产的过程中也未得到严格遵守。诸如审稿延迟,遵从领导意志选择题材一类的问题经常出现,进一步削弱了新媒体在内容方面的市场竞争力:

> 后边的那几个总监常年不在办公室,("中央厨房"的这个工作流程)领导自己都做不到,你找领导都找不着……早上(发)回来的稿子晚上才发。(**15 号受访者**)

为了激励记者参与,少数报社将新媒体供稿量纳入记者的考评标准,更多报社用"稿费"或"稿分"来提高记者供稿的积极性。部分记者(尤其是年轻记者)很快适应新闻快速发布、一稿多"版本"的工作节奏,但更多的记者,尤其是那些年龄较长、工作年限较长的记者,对此反应平淡。新媒体中心的编辑将这一现象归因于记者意识和技能的缺乏以及隐性收入的存在,但记者更强调预期收益与可能付出的代价对于他们供稿决策的影响。

具体说来，新媒体终端上的信息发布尤其强调时效性。在记者看来，这一要求与新闻报道的准确性原则之间存在冲突。"文责自负"是国内新闻生产的首要原则，作者要对其发表的文章所引起的问题承担全部责任。在记者看来，严格的审稿机制并不足以帮助他们完全规避"多发多错"的风险。当预期的风险高于可获得的经济收益时，记者会选择不向新媒体中心供稿：

> 我不想干那个事（供稿），没什么意义，就那么点钱，而且没那个时间。（哪怕）有时间的话我也不想去写那些东西……新闻太敏感了，很脆弱，你一个环节出差错，人家就会揪着你那个点不放，很担心被踩尾巴的，每天都担心被踩尾巴。**（7号受访者）**

不同年龄和工作年限的记者在面对供稿要求时的不同反应也同样遵循这一逻辑。与年轻、刚入行的合同工不同，年长的、工作年限较长的记者通常属于编制内，工作有保障，其新闻实践不太受到报纸生存压力的影响：

> （年轻记者）发现在传统媒体上做稿件，他的收入在减少……（投稿给新媒体）能赚稿分，他干嘛不做呢？**（17号受访者）**
> 比如说年长的（记者）……他们就想养老……反正我做了也是这些钱，不做也是这些钱，那我干嘛要做？**（10号受访者）**

年轻记者参与融合新闻生产的原因与资深记者不愿意与新媒体中心配合的原因是一致的——成本与收益之间的权衡。"体制内"的报业与记者较之收益更注重风险管控，"体制外"的机构和个人则愿意为了经济回报而承担风险。

**2.部门利益的博弈**

关于福建地方报业记者较低参与意愿的另一解释是传统媒体部门与新媒体中心的博弈。全媒体融合的要义是再造新闻生产流程，实现"一次采集，多种生成，多元传播"。主流的做法是，原有的新媒体部门被整合到新媒体中心，由后者统一管辖。在报纸的管理层看来，由于报纸的时效性不及新媒体，后者在内容方面的首发优势可能瓜分报纸市场，报纸读者的流失加剧。福建地方报业的管理者尝试了多种措施来解决这一问题，如新媒体报道基本事实，报纸提供细节、背景和其他深度性内容，新媒体优先发布非独家新闻，独家新闻由报纸优先发布等，但报纸与新媒体的管理层之间仍时相龃龉：

> 去年,我去采(访)福州一个副市长的庭审,一审全程就我们两个记者去。他(报纸部门主管)那时候就严格要求,上网的数字不能超过五百字,而且第二天他大骂(另一个记者),他说你太傻了……你应该每段截(取)一点点……你这五百字不是送给别人吗,谁还去看报纸?! **(14号受访者)**

早在"报网互动"时代,基于报纸发行量的考虑,传统媒体人(尤其是管理层)对新媒体人就比较"抵触"。只是当时新媒体部门在报业内部相对比较边缘,二者间的竞争关系尚不明晰。全媒体融合正式开启以后,福建地方报业的新媒体中心吸引了大量的财政支持和人力、物力方面的投入,这些进一步强化了新媒体作为报纸"竞争者"的地位。

主动向新媒体中心供稿的记者中,绝大多数是党报记者,都市报记者则大多抵触供稿。究其缘由,新媒体中心在行政级别上受党报管辖,与都市报平级。较之都市报,党报与新媒体中心之间的壁垒相对更少,资源分享的程度更高。这一差异导致都市报和新媒体中心在运营上的隔阂。对于新媒体中心的主管而言,这正是报纸与新媒体"融而不合"的原因。这样的关系格局势必影响记者的供稿意愿:

> 以前我们(晚报)的微博和微信还没有(被新媒体中心)收上去的时候……(记者去跑现场)都会立刻给我们的编辑打电话,发微信说这条是怎么怎么样……但自从我们两个微博、微信被(日报)收上去以后,记者就没有这种感觉了……反正(新媒体中心)发了也不是我们的。 **(8号受访者)**

作为福建地方报业行政壁垒,都市报与新媒体中心之间的疏离影响记者与编辑之间的关系。由于缺乏管理层的支持,与党报记者相比,都市报记者即使是向新媒体中心供稿,也不太愿意投入时间和精力配合新媒体中心的编辑的工作。在两方的沟通过程中,矛盾频繁发生:

> 去年长江沉船,我(把乘客的身份证号码)发给网站值班编辑,他说你告诉我有多少(福州)人,我说从身份证上面大概可以估计有多少人,反正35开头的都是。他说要不你帮我数一下。我在现场忙着办事,我还管这种破事?! **(14号受访者)**

　　新闻生产流程再造的目标之一,是重新定位记者一编辑的关系,从"记者中心"转向"编辑中心",记者主要承担"信息提供者"的角色,编辑则承担"信息整合者"的角色。然而在实际的新闻生产中,绝大多数新媒体中心的编辑系由社会招聘而来,他们熟悉新媒体的逻辑但相对缺乏新闻采编经验,往往只能做文字的"搬运工"而非"加工器"。由于编辑缺乏内容加工的能力,记者被迫承担了许多原本应该由编辑承担的工作(如核对信息,将前线记者口述的内容转变为文字等)。更重要的是,目前福建地方报业对新媒体中心编辑的工作考评标准主要是信息阅读量和粉丝数量。在记者看来,编辑反复催促前线记者不外乎是为了保证信息发布的时效性,与编辑自身的考评不无关系,配合意愿因此愈发低迷。

**3.价值观念的自我博弈**

　　融合新闻生产的过程中,新媒体中心的编辑派发给记者"用户反映强烈"的线索,常被后者认为过于琐碎、不值得写,终被舍弃。编辑将记者的反应归咎于意识不到位,即记者不了解新媒体,低估新媒体环境下行业竞争的激烈程度,漠视用户需求。实际上,记者在调查和访谈中均表达了他们对于日益激烈的市场竞争的担忧。他们意识到,当所有的报纸都从新媒体那里获取新闻线索,内容变得日益同质化时,报纸面临的竞争会更加激烈:

> 现在这个时代我们的对手已经不是我们同城的这些媒体了,而是无数的自媒体,是各种大量的这种专业人士的自媒体。(**4号谈话伙伴**)

　　激烈竞争带来的危机感普遍存在于记者当中。在他们看来,由于一城多报,同城记者间的竞争很常见。只是以往的竞争更多发生在专业记者之间,而如今面临的却是与非专业记者的有失公平的竞争:

> 如今那些公众号真的是五花八门。它很多信息我点进去一看,这不瞎扯嘛,根本一点都不专业,很多甚至是谣言。(**7号谈话伙伴**)

　　尽管看到商业性新媒体的竞争力,接受访谈的记者依然认为新媒体的信息浅表、快餐化,更多适应低层次的读者。正因为非专业的新媒体提供的内容质量堪忧,职业记者所具有的去伪存真的专业技能才显得更加重要:

> 比如说一个火灾……没有经历过现场的人会觉得说"嘭"就是爆炸，然后他(会)在微博里马上写哪里着火爆炸了……(记者)有经验、有辨别能力，这是普通人不具备的。(**2号谈话伙伴**)

记者不愿意主动供稿，并不是因为他们不了解新媒体给报业带来的巨大冲击，而是出于对职业尊严的坚守——外部竞争越激烈，他们捍卫职业记者与新媒体上风生水起的"业余"信息提供者之间的界线的需求也越迫切。这种对于记者职业的精英主义想象既是多数记者抵触供稿的原因，也是部分记者主动适应融合新闻生产的动力：

> 我对记者的定义就是说'你要观察这个时代'，你要掌握比别人更多的东西，你不可以落在这个时代的后面，所以我们不能排斥任何新的东西。我们不一定从心底完全接纳它(新媒体)，但是我要容纳它。(**2号谈话伙伴**)

基于上述认知，多数记者坚称，能为不同媒体终端提供内容的"全媒体记者"的设想并不现实，专门的新媒体记者才是新媒体采编专业化的出路；报纸记者应该转型为专家型记者，就某一细分领域提供客观理性、富有深度的报道。在这一构想中，新媒体人与传统媒体人依然泾渭分明。尽管如此，还是有一些微妙的改变——传统媒体人开始承认并接受新媒体人在新闻生产领域职业化的可能。记者已经开始以新媒体为参照调整自己的职业角色，只是在调整职业边界的过程中，他们更倾向于边界的收缩而非拓展。

遵循这一逻辑，就可以理解为什么多数记者在被问及媒体融合的未来方向时坚称媒体改革的可能出路在于"收费墙"。在这一愿景中，报业在新媒体平台上的探索并无太大价值，纸媒生产出的高质量内容和对这些内容的版权保护才是报业安身立命的根本。另外一些记者同样强调纸媒内容的重要性，但他们认可新媒体和纸媒之间相互补充的关系，认为新媒体未来会朝向快、浅、互动的方向发展，纸媒则会变得更深、更专，但二者都可以借助技术的力量(如"大数据")实现以用户需求为导向的精准传播。

上述两种立场的内核其实是一致的，即坚持"内容为王"，强调内容资源在维系和提高报业影响力、帮助报业走出困局方面的重要性。这一情形再次表明了福建地方报业记者在努力维系自身职业尊严的过程中的踟蹰与矛盾。

# 第四节　福建地方报业记者的
# 媒体融合观的启示

整体上,福建地方报业记者倾向于积极看待新媒体对新闻生产的影响,这与他们对媒体融合的消极态度形成鲜明对比。换言之,记者在媒体融合方面的悲观立场并非源于他们对新媒体的反感,而是受到体制、组织和个体因素的影响。那些影响记者对新媒体的态度的人口统计学指标,包括年龄、工作年限、报纸类型等,在国内媒体体系中具有非常独特的内涵。

实际上,福建地方报业记者对媒体融合的悲观看法可以在"传统媒体与新媒体"的二元对立架构下得到解释。在体制层面上,传统媒体与新媒体的对立表现为"体制内"和"体制外"的分立。面对"体制外"的新媒体的冲击和现有的内容监管,"体制内"的报业选择让渡一部分的经济收益以确保意识形态的安全,这也是"体制内"的年长记者的选择。在组织层面上,传统媒体与新媒体的对立表现为都市报与新媒体中心之间的嫌隙。利益分割使得都市报的管理者和记者相对于党报的管理者和记者更缺乏与新媒体中心合作的意愿。在个体层面上,上述对立表现为职业记者与自媒体用户之间的竞争。面对来自非专业信息提供者的挑战,多数记者选择坚守职业边界,不在新媒体上发声。

因此,福建地方报业记者对媒体融合的悲观态度,是审稿机制、官僚作风、行政壁垒等带来的结构性压力与记者捍卫职业尊严的价值诉求共同作用的产物。它可能在未来导向许多方面的重要结果。

## 一、新媒体的驯化

在福建地方报业的融合新闻生产中,新媒体有被"驯化"的趋势。一方面,新媒体被制度惯性"驯化",发布的内容保守、克制;另一方面,新媒体受制于官僚式管理,决策效率低下。

"驯化"原指将野生动物驯服为家禽家畜的过程,古列维奇等人[①]最早将这一概念用于新闻学研究,指新闻从业者在报道外国新闻事件时,采用特定的视角和呈现方式,使得陌生的、遥远的事件与本国受众的经验之间建立起关联的过程。本书使用"驯化"一词来描述新媒体被逐渐卷入报业强大的制度惯性,为传统媒体的体制、常规和文化所同化的过程。

有关信息技术的社会影响的争论总是围绕"技术与民主"这一主题展开。信息技术(尤其是互联网技术)的引入,曾被学界寄予厚望,认为它将为新闻业"赋权",给予后者更大的言论空间。然而,福建地方报业的媒体融合实践表明,政治、市场、技术三者之间的张力并未给融合后的地方报业带来预期效应。相反,技术的逻辑被政治、市场的逻辑收编,新媒体吸收和采纳了传统媒体的结构和惯例。这一趋势普遍存在于推进融合新闻生产的地方报业之中。它将给中国新闻业的生态带来何种影响,有必要进一步探讨。

## 二、另类行政结构的兴起

虽然新媒体的日常运作正逐渐纳入中国媒体体系的政治轨道,融合的障碍依然存在,传统媒体与新媒体部分在资源和市场回报方面的竞争关系仍阻碍着部门之间的真正意义上的融合。新媒体中心很难得到报纸(尤其是都市报)在内容生产方面的支持,这可能促使地方报业加快行政结构方面的调整。

目前,国内报业应对这一问题的主要路径有两种。一是取消都市报和党报的行政等级的差异,由新媒体中心统一向报纸和新媒体供稿。其中,原有的新媒体部门没有被整合到新媒体中心,而是与传统媒体部门处于同一层级。这在增加新媒体中心与不同媒体部门之间的互动的同时极大地降低了报纸与新媒体部门之间联系的意愿。二是切断新媒体中心与各报在新闻生产方面的协作关系,由中心自行生产内容,供新媒体发布。根据麦尚文的研究[②],无论是哪一种路径,都使报纸和新媒体之间的合作性互动大大减少,可能导致报纸与新媒体之间进一步疏远。换言之,两种路径在打破或绕开原有的行政壁垒

① GUREVITCH M,LEVY M,ROEH,I.The global newsroom:convergences and diversities in the globalization of television news[M]//DAHLGREN P,SPARKS C.Communication and citizenship:journalism and the public sphere in the new media age.London:Routledge,1991:195-216.

② 麦尚文.全媒体融合模式研究[M].北京:中国人民大学出版社,2012:155-168.

的同时，又制造了新的行政壁垒。

福建地方报业的案例还表明，在报纸与新媒体部门之间持存的张力本质上是媒体集团化以来就已经存在的报业内部不同媒体之间的经济利益之争。只要经济的逻辑没有被彻底挑战，行政结构的调整就只会徒劳无功。在报纸与新媒体部门的张力可能持续存在的前提下，有必要追问，如果都市报与融合新闻生产渐行渐远，它们的命运将会怎样？受到新媒体冲击、市场竞争力不断下降的报纸是否会向"党报化"的方向发展？这些问题都有待未来研究关注。

## 三、职业角色的重构

记者对专业边界的捍卫，一方面是改革开放以来专业主义理念向中国新闻教育和实践领域渗透的结果，另一方面也是新闻专业性不断下降的时代语境下记者的反应性认同的体现①。

建国初期，"宣传者"是国内记者承担的主要角色，20世纪八九十年代以来，国内记者开始扮演"信息提供者""信息解释者""民意鼓动者""舆论监督者""营利者"等角色，职业角色日益多元化。近年来，国内记者在职业角色的选择上逐渐"回归新闻本质"②，客观中立的"信息提供者"成为多数记者最认同的职业角色③。

近十年来，自媒体日益勃兴。对于记者而言，自媒体的兴起不仅意味着读者的流失，还意味着认同的危机，即当越来越多的年轻人从非职业新闻机构和人士那里获得信息和知识时，记者的职业边界变得模糊，亟待重新定义④。在"人人都可以成为传者"的时代，记者会更加强调自身的专业性，以重建职业声望。

尽管如此，记者的态度并不能左右地方报业的融合进路。党报记者供稿的积极性高于都市报记者的趋势表明，组织的因素对记者参与融合新闻生产

① DONSBACH W. Journalists and their professional identities[M]//ALLAN S. The Routledge companion to news and journalism.London,New York：Routledge,2010：38-48.
② 陈力丹,江凌.传媒"四大职能"与记者角色认知[J].新闻前哨,2009(2)：11-12.
③ 张志安,吴涛."宣传者"与"监督者"的双重式微：中国新闻从业者媒介角色认知变迁及影响因素[J]国际新闻界,2014(6)：61-75.
④ DONSBACH W. Journalists and their professional identities[M]//ALLAN S. The Routledge companion to news and journalism.London,New York：Routledge,2010：38-48.

的意向和行为的影响不容小觑。既有研究也表明,组织因素对记者的角色认知有显著影响[①]。未来地方报业在媒体融合方面的结构调整,是否会改变记者的角色认同,同样值得长期关注。

# 四、小结

中等规模的地方报业媒体融合主流路径的成效,受权力结构、经济发展水平、报业规模等因素的共同作用,国内其他地方报业媒体融合的路径选择可能有所不同,例如,南方报业集团选择"整体转化式"的融合路径,有赖于它的开创精神和可观投入,而这二者又与广东及周边地区远离政治权力中心、市场经济繁荣,南方报业集团在之前数十年间积累了大量资本密不可分[②]。尽管如此,福建的案例还是揭示了中国报业在采取不同路径推进媒体融合的过程中面对的挑战。本书所使用的"国家—媒体—记者"的分析框架,可以给有关媒体融合的研究提供参考。

显著影响欧美国家记者对媒体融合的态度的因素,如新闻编辑室惯例、多元技能,并不能充分解释中国记者的悲观倾向。后者更多缘于中国报业在体制、组织和个体层面的复杂性。例如,在中国报业,传统媒体部门与新媒体部门之间的市场竞争被默许,前提是不伤害意识形态安全;部分记者与新媒体中心的合作,旨在应对非专业信息提供者(如自媒体)带来的严峻挑战,其合理性基础恰恰是记者对新闻专业主义的认同。

以上发现均表明,媒体融合绝不是单纯的技术问题,记者对新技术的看法并不足以预测他们对媒体融合的看法。为了更全面地理解媒体融合的成效,有必要考察社会语境尤其是媒体体系和新闻文化。语境因素在很大程度上影响记者对媒体融合的态度。

调查所采用的非随机抽样和单一案例可能导致的理论饱和性不足构成本

---

① 陶建杰,张志安.网络新闻从业者的媒介角色认知及影响因素[J].新闻记者,2014(2):63-68;张志安,吴涛.互联网与中国新闻业的重构:以结构、生产、公共性为维度的研究[J].现代传播,2016(1):44-50;WU W,WEAVER D H,JOHNSON O V.Professional roles of Russian and U.S. journalists:a comparative study[J].Journalism & mass communication quarterly,1996,73(3):534-548.

② YIN L G,LIU X Y.A gesture of compliance:media convergence in China[J].Media,culture & society,2014,36(5):561-577.

书研究的局限性所在。除了改进抽样技术外，未来研究还可以引入"编辑中心"的视角，更全面地评估媒体融合的成效。另外，也可以开展跨地域或跨国的比较研究，以便进一步揭示融合效果的多元性以及特定的地域、国家因素对融合效果的影响。

# 结语：话语制度、媒体转型
# 与记者角色研究

　　从前面的章节中可以得出三个结论：第一，福建地方报业记者角色折射的有关新闻业认同的观念、价值和信仰，兼具普适性和多样性；第二，福建地方报业记者的规范性、认知性、实践性和叙事性角色之间的联系，必须放置到国内新闻业危机、媒体转型的大背景中才能理解；第三，记者角色研究的多重进路和方法在应用潜力方面存在差异。全书的最后，这一总结性的一章将再次借鉴"记者角色过程模型"的思路，将相对分散的结论纳入制度性角色的分析框架加以讨论。具体而言，就是先比较福建地方报业记者角色与其他国家或地区记者角色的异同，与既有研究展开对话；接下来，整合有关福建地方报业记者角色认知、行为、规范和叙事的研究发现，勾勒国内中等规模地方报业在过去几年媒体转型期的新闻文化图景；最后，检视记者角色研究采取的多重进路与方法，揭示其价值与局限性，为今后相关的学术探索提供参考。

## 一、记者角色的普适性与多样性

　　新闻业是一种话语制度，而记者角色是话语建构的产物。这意味着，一方面，记者对自身社会位置和职能的思考、表达和行动受制于强大的外部力量的制约，需要遵循一系列共通的规范和准则；另一方面，在新闻工作中，记者群体并不绝对服膺于外部制度的制约，他们在一定程度上具备跳出国家—市场压力、采编惯例去思考、表达和行动的能力。福建地方报业记者与其他国家和地区的记者在角色规范、认知、行为和叙事方面既存在共性，又具有明显的差异性。这印证了上述论断。

　　先看共性。首先，在角色规范方面，福建地区的受众最重视新闻媒体的"传播"功能，最不重视媒体的"娱乐"功能。这与此前规范性角色研究的部分结论一致，包括数十国新闻伦理准则强调中立、无偏倚的记者角色，美国、荷兰受众宣称不看重媒体的"娱乐"功能,等等。然后,在角色认知方面,福建地方报业记者最重视"传播—解释"角色,也呼应了此前认知性角色历时性分析的结果,如解释者角色日益受到不同国家和地区记者的高度体认,国内记者角色正在回归新闻本质。另外,在角色行为方面,福建地方报业记者在日常新闻报道中最常承担传播者角色,也与此前实践性角色跨国比较研究的发现类似。最后,在角色叙事方面,面对新媒体以及媒体融合带来的外部挑战,福建地方报业记者会采用多重话语策略维系传统角色的正当性,这同样呼应此前在不同国家和地区开展的叙事性角色研究的结论。

福建地方报业记者的角色认知和行为与国内其他地方的记者以及国外记者之间存在明显差异。例如,1998—2014年,除调查记者这一特殊群体外,国内记者普遍不太重视"鼓吹"角色,但福建地方报业记者比较重视该角色,对其重要性的认知仅次于"传播"和"解释"角色。再比如,近几年来,拉美民主转型国家的记者在新闻报道中较多承担鼓吹者角色,较少承担宣传—营利者角色,这与本研究的结论截然相反——福建地方报业记者在日常新闻实践中比较频繁地扮演宣传—营利者,极少扮演鼓吹者角色。

考察记者角色认知影响因素的过程中发现,相对于组织因素,个体因素更能解释记者在角色认知方面的差异。此前的研究认为,组织因素较之个体因素解释力更强。由于本书并未囊括所有可能的组织因素,所获结论并不足以挑战此前发现。尽管如此,有一点可以明确——政治、市场、组织惯例等结构性因素无法充分解释记者在理解自身社会位置和职能方面的多样性,不能完全排除个体价值倾向对记者角色认知的影响。结合上文谈到的福建地方报业记者与国内外记者在单一类型角色上的一致性和差异性可知,作为研究者,在关注中国新闻媒体受到的结构性制约的同时,也要看到新闻从业者尤其是记者创造和重塑新闻文化的能动性。

## 二、媒体转型期地方报业的新闻文化图景

早在2005年,国内报业就颓势已现。及至2012年,地方报业发展真正进入"拐点",营收水平断崖式下跌并一直持续至今。在此背景下,各地报业纷纷加快转型步伐,找寻脱困之策。前述章节报告的个案研究,最早始于2015年,适逢福建地方报业全面开启全媒体融合进程。媒体转型期因此构成本书论说的基本语境。本书要探讨的问题——不同类型角色间的接合与错位关系的意

涵,必须联系这一语境方能得到解答。

个案研究显示,无论是在观念上还是行为层面上,传统的职业角色,即传播者角色,均被福建地方报业记者赋予极高的权重。这意味着,20 世纪 70 年代以来的新闻教育、培训和改革已成功使得传统角色以及支撑该角色的客观性原则为国内记者所内化,成为地方报业制度性新闻文化的重要组成部分。即使是在传统媒体营收急剧下降的现实语境下,福建地方报业记者仍在坚守这一角色。

从对大学生群体的访谈可知,随着自媒体的勃兴,社会大众对新闻媒体的期望超出常规的角色清单,这要求记者重新审视和调整自身的职能。自上而下的全媒体融合浪潮,同样鼓励记者丰富技能,转换角色,适应并参与融合新闻生产。现实情况却是,福建地方报业的记者大多抵触当前的融合新闻实践以及伴随这一实践产生的记者—编辑、记者—用户的新型关系,在承认新媒体记者的职业合法性的同时,坚决捍卫自己作为信息传播者的专业地位。

对传统职业角色的持续坚守,体现了福建地方报业记者在日常新闻工作中的能动性。当然,这一论断并不意味着可以否认记者的新闻观念和实践与社会、政治、经济因素之间的复杂纠葛。尽管福建地方报业记者和受众在单一角色认知上存在显著差异,整体的角色排序却完全相同。在对媒体职能相对重要性的判断上,记者和受众呈现出高度一致的态势。受众的媒介角色认知本质上是规范性期望,上述态势反映了社会价值观对记者职业观念的制约。

此外,在观念—实践的比较中发现,福建地方报业记者在角色认知和行为的排序上存在差异。比如,记者比较重视的"鼓吹"和"批评—质疑"角色在新闻报道中十分鲜见,而他们不太看重的"宣传"和"营利"角色却比较频繁地出现在报道中。这种错位关系表明,记者自身的认知倾向并不足以对冲政治和经济因素,如制度惯性、组织需求对新闻实践的影响。这一点在角色叙事分析中同样有所体现——相对于都市报记者,党报记者对融合新闻生产的态度更积极,原因就在于党报与新媒体中心之间的行政壁垒更少,资源共享的程度更高。

经由对角色规范、认知、行为和叙事四个维度的比较,我们可以勾勒这样一副中等规模地方报业的新闻文化图景:一方面,难以为继的报业营收和社会影响力的衰退,驱动福建地方报业加快新闻生产架构、流程、惯例的调整,重构新闻业的社会位置;另一方面,福建地方报业记者基于自身的需求、能力、价值等,有选择性地参与上述过程,从观念、行为和话语层面,明确自身定位。两种过程相互作用,构成同一硬币的两面。由此产生的结果,是传统角色的持续合法化,政经职能的加强及新型职业角色的"缺位"。在社会科学研究领域,由于具有"赋权"和"解放"潜力,行动者的能动性长久以来被赋予积极正面的意涵。福建地方报业记者在角色转型方面的迟缓和滞后,引导笔者辩证地看待和理解个体能动性的价值。它可以是积极的因素,提醒各方重视当前新闻工作的问题和局限性,也可能成为消极的因素,阻碍记者适应环境的探索性努力。看到记者合法化自身角色的能动性的同时,如何给予其客观公正的评价,是未来研究需要思考的问题。

# 三、记者角色研究的进路和方法

在"记者角色过程模型"中,哈尼奇和沃斯指出,制度性角色分析可以从两个层次、四种类型展开,分别是角色定位,包括规范和认知两类,以及角色扮演,包括行为和叙事两类。前面八个章节将这一框架初步应用于对福建地方报业记者职业角色的分析,形成四条相对独立的研究进路,分别是角色认知研究、角色行为研究、角色规范研究和角色叙事研究。相对而言,角色认知研究业已得到国内外新闻学界的持续关注,但结论零散,理论建构不足;角色行为研究聚焦新闻报道中的记者角色或采编活动中的记者角色,在国外学界日益勃兴,但在国内学界仍少被关注,亟待推进;聚焦新闻职业伦理或受众期望的角色规范研究数量较少,与理论成果卓然的角色叙事研究形成鲜明对照,未来有必要重拾角色规范研究,进一步推进角色叙事研究的理论创新。

在介绍上述模型时,除了界定不同分析层次和类型的内涵以外,哈尼奇和沃斯还特别强调不同类型角色之间的转化关系,鼓励研究者关注制度性角色形成和变迁的动态机制。本书尝试描摹其中的某些机制,包括规范性角色—认知性角色的转化(哪些新闻规范转化为了记者自身的价值观),认知性角色—实践性角色的转化(哪些价值观在新闻报道中得以实现),以及实践性角色—叙事性角色的转化(记者如何合理化他们的某些实践行为)。遗憾的是,囿于时间、精力、个人能力,本书未能涉及过程模型中的另外两种机制,叙事性角色—规范性角色以及叙事性角色—认知性角色的转化。未来研究可在弥补这一缺陷的同时加深对前述三类机制的认识。

整体而论,有关角色规范、角色认知、角色行为的研究采用量化方法,以调查法和内容分析法为主。本书的调查研究借鉴了国内外相对成熟的量表,测量受众和记者的角色认知。降维后变量包含的指标，与此前国内采用类似量表的调查研究的结果明显不同。不仅如此，国内外使用相似量表展开的调查研究在指标分布上也存在较大差异。因子和测量项的关系经常偏离研究者预期，表明记者角色认知量表仍有待完善。今后的研究应首先解决这一问题，提高记者角色认知量表的效度。类似的问题也存在于记者角色行为研究中。本书将梅拉多等人开发的记者角色行为编码表应用于对国内新闻的分析。实操过程中，有多个类目无任一样本落入。这一操作化方法是否适用于对中国报业尤其是地方报业记者角色行为的分析，同样有待系统、重复检验。

透过量化方法的使用，研究者可以解答有关记者角色的诸多问题，包括记者应该做什么，想要做什么，实际做了什么，什么因素让记者（不）想做那些该做之事，又是什么因素让他们做了（不）想做之事。与此同时，也有很多问题仅凭量化方法无法回答，比如应做之事透过怎样的机制被记者内化，成为他们想做之事，记者经由怎样的过程将想做之事付诸实践。在这些问题上，质化方法大有可为。角色叙事研究表明，较之量化研究方法，重在考察和揭示过程机制的质化方法在研究记者角色方面至少具有两方面优势：第一，它可以回答不同类型角色之间"如何转化"的问题，此类问题在之前的研究中通常语焉不详，基本处于"黑箱"状态；第二，它有助于理论的建构，而这恰恰是结论零散杂乱的角色规范、认知及行为研究急需改进的方向。未来的记者角色研究，应进一步发掘质化方法的潜力，加强理论发展与创新。

# 附　录

## 1.福建地方报业记者的职业角色认知
## （调查问卷）

尊敬的记者朋友：

　　您好！我们是厦门大学新闻传播学院"福建地区新闻记者的职业角色认同研究"课题组，正在进行关于记者职业生态的调查。我们诚挚地希望，您能从百忙中抽出 20 分钟左右的时间，帮忙填写这份问卷。问卷采用匿名的形式，您提供的所有信息仅用于学术研究，答案没有对错之分，请您放心作答！在调查结束时，您将收到课题组为您准备的一份小礼物。非常感谢您的配合！

　　1.您每天使用电脑、手机等电子设备上网的平均时长是？【单选题】
　　□5 小时以下　　□5～7 小时　　□7 小时以上
　　2.互联网的普及给新闻工作带来了很多改变，您是否同意以下关于新闻工作变化趋势的判断？从 1 到 5，1 代表"非常不同意"，5 代表"非常同意"；此外，数字 9 代表"不确定"。请您在相应的数字下画"√"：

|  | 非常不同意 | 不同意 | 一般 | 同意 | 非常同意 | 不确定 |
|---|---|---|---|---|---|---|
| 1.新闻来源扩展了 | 1 | 2 | 3 | 4 | 5 | 9 |
| 2.记者的经济收入减少了 | 1 | 2 | 3 | 4 | 5 | 9 |
| 3.对记者专业技能的要求更高了 | 1 | 2 | 3 | 4 | 5 | 9 |

续表

| | 非常不同意 | 不同意 | 一般 | 同意 | 非常同意 | 不确定 |
|---|---|---|---|---|---|---|
| 4.记者对受众的了解加深了 | 1 | 2 | 3 | 4 | 5 | 9 |
| 5.记者与新闻同行之间的竞争更激烈了 | 1 | 2 | 3 | 4 | 5 | 9 |
| 6.记者与工作相关人群的联系更便利了 | 1 | 2 | 3 | 4 | 5 | 9 |
| 7.在报业内部,新闻采编工作的重要性降低了 | 1 | 2 | 3 | 4 | 5 | 9 |

3.在您看来,互联网对于新闻工作的整体影响如何?【单选题】

□非常消极　　□消极　　□一般　　□积极　　□非常积极

4.以下是有关新闻媒体职能的描述。请问您如何评价它们的重要程度?从 1 到 5,1 代表"非常不重要",5 代表"非常重要",请您在相应的数字下画"√":

| | 非常不重要 | 不重要 | 一般 | 重要 | 非常重要 |
|---|---|---|---|---|---|
| 1.致力于提升群众的知识与文化水平 | 1 | 2 | 3 | 4 | 5 |
| 2.宣传党和政府的政策 | 1 | 2 | 3 | 4 | 5 |
| 3.阻止谣言、流言的散播 | 1 | 2 | 3 | 4 | 5 |
| 4.提供对复杂的问题分析和解释 | 1 | 2 | 3 | 4 | 5 |
| 5.传达群众的意见和呼声 | 1 | 2 | 3 | 4 | 5 |
| 6.传达政治领袖的正面形象 | 1 | 2 | 3 | 4 | 5 |
| 7.准确客观地传达信息 | 1 | 2 | 3 | 4 | 5 |
| 8.引导公众舆论 | 1 | 2 | 3 | 4 | 5 |
| 9.为广告商提供良好的舆论环境 | 1 | 2 | 3 | 4 | 5 |
| 10.对社会热点、民生话题等展开讨论 | 1 | 2 | 3 | 4 | 5 |
| 11.发起和参与社会改革 | 1 | 2 | 3 | 4 | 5 |
| 12.呼吁大家关注和支持社会弱势团体 | 1 | 2 | 3 | 4 | 5 |

续表

| | 非常不重要 | 不重要 | 一般 | 重要 | 非常重要 |
|---|---|---|---|---|---|
| 13.报道最大多数群众感兴趣的新闻 | 1 | 2 | 3 | 4 | 5 |
| 14.为群众提供娱乐和休闲 | 1 | 2 | 3 | 4 | 5 |
| 15.监督和批评党政机关及其工作人员的言行 | 1 | 2 | 3 | 4 | 5 |
| 16.在第一时间传达新的信息 | 1 | 2 | 3 | 4 | 5 |
| 17.监督和批评工商界的言行 | 1 | 2 | 3 | 4 | 5 |
| 18.为群众日常生活提供指导 | 1 | 2 | 3 | 4 | 5 |
| 19.为报社创收 | 1 | 2 | 3 | 4 | 5 |

　　5.就您所在的报社而言,以下各种目标的重要程度如何? 从 1 到 5,1 代表"非常不重要",5 代表"非常重要"。请您在相应的数字下画"√":

| | 非常不重要 | 不重要 | 一般 | 重要 | 非常重要 |
|---|---|---|---|---|---|
| 1.生产品质高于当地报业平均水平的新闻 | 1 | 2 | 3 | 4 | 5 |
| 2.获得高于当地报业平均水平的利润 | 1 | 2 | 3 | 4 | 5 |
| 3.加强与当地党政部门的良好关系 | 1 | 2 | 3 | 4 | 5 |
| 4.适应新媒体冲击下的行业新环境 | 1 | 2 | 3 | 4 | 5 |

　　6.您的性别是?【单选题】

□男　　　□女

　　7.您的年龄是＿＿＿岁? (实岁,如 1981 年 5 月生,2015 年 6 月计为 34 岁)

　　8.您从事新闻记者工作的年限是＿＿＿年? (以整年计,如,4 个月按 1 年计)

　　9.您的受教育程度是?【单选题】

□初中及以下　　　□高中/中专/技校　　　□大专　　　□大学本科

□硕士及以上

　　10.您的专业背景是?【单选题】

□新闻传播类专业(新闻学/传播学/广播电视新闻学/编辑出版学/广告学)

□非新闻传播类专业

11.您所服务的报纸的类型是?【单选题】

□党委机关报　　　□都市报

12.您所在报纸服务的范围是?【单选题】

□福州　　　□厦门　　　□泉州

13.您是否兼任行政职务?【单选题】

□是　　　□否

14.我们将"工资"定义为减去奖金、保险、公积金以后的常规性的个人收入。按照这一定义,您每月的平均工资是多少?

□5 000 元以下　　　□5 001～7 500 元　　　□7 501～10 000 元

□10 000 元以上

以上是问卷的全部内容。再次感谢您的配合!

# 2.福建地方报业记者的职业角色行为 (编码表)

| 1.样本编号 | | |
| --- | --- | --- |

| 2.报纸名称 | | |
| --- | --- | --- |
| 1—厦门日报 | 2—厦门晚报 | 3—福州日报 |
| 4—福州晚报 | 5—泉州晚报 | 6—东南早报 |

| 3.报纸所在城市 | | |
| --- | --- | --- |
| 1—福州 | 2—厦门 | 3—泉州 |

| 4.报纸类型 | |
| --- | --- |
| 1—党委机关报 | 2—市民报 |

| 5.刊发年份 | | |
| --- | --- | --- |
| 1—2015 年 | 2—2016 年 | 3—2017 年 |

续表

| 6.新闻主体——政府及事业单位 | |
| --- | --- |
| 0—无 | 1—有 |

| 7.新闻主体——企业 | |
| --- | --- |
| 0—无 | 1—有 |

| 8.新闻主体——社会团体与个人 | |
| --- | --- |
| 0—无 | 1—有 |

| 9.新闻主体——报纸 | |
| --- | --- |
| 0—无 | 1—有 |

| 10.传播—解释 | |
| --- | --- |
| 10.1 记者观点 | |
| 0—无 | 1—有 |
| 10.2 解释 | |
| 0—无 | 1—有 |
| 10.3 建议 | |
| 0—无 | 1—有 |
| 10.4 第一人称 | |
| 0—无 | 1—有 |

| 11.质疑—批评 | |
| --- | --- |
| 11.1 司法、行政信息 | |
| 0—无 | 1—有 |
| 11.2 记者质疑 | |
| 0—无 | 1—有 |
| 11.3 记者批评 | |
| 0—无 | 1—有 |
| 11.4 外部调查 | |
| 0—无 | 1—有 |

| 12.宣传—营利 | |
| --- | --- |
| 12.1 支持政府活动和政策 | |
| 0—无 | 1—有 |

续表

| 12.2 支持企业活动 | |
|---|---|
| 0—无 | 1—有 |

| 12.3 政治精英正面形象 | |
|---|---|
| 0—无 | 1—有 |

| 12.4 商业精英正面形象 | |
|---|---|
| 0—无 | 1—有 |

| 12.5 国家进步 | |
|---|---|
| 0—无 | 1—有 |

| 12.6 提升国家形象 | |
|---|---|
| 0—无 | 1—有 |

| 13.服务 | |
|---|---|

| 13.1 问题建议 | |
|---|---|
| 0—无 | 1—有 |

| 13.2 消费建议 | |
|---|---|
| 0—无 | 1—有 |

| 14.娱乐 | |
|---|---|

| 14.1 私人化 | |
|---|---|
| 0—无 | 1—有 |

| 14.2 情绪 | |
|---|---|
| 0—无 | 1—有 |

| 14.3 病态 | |
|---|---|
| 0—无 | 1—有 |

| 15.鼓吹 | |
|---|---|

| 15.1 公民视角 | |
|---|---|
| 0—无 | 1—有 |

| 15.2 公民需求 | |
|---|---|
| 0—无 | 1—有 |

| 15.3 公民活动信息 | |
|---|---|
| 0—无 | 1—有 |

# 3.福建地区受众的媒介角色认知
## (调查问卷)

尊敬的受访者:

您好!我们是厦门大学新闻传播学院"校长基金"课题组,正在进行关于新闻受众的调查。我们诚挚地希望,您能从百忙中抽出 20 分钟左右的时间,帮忙填写这份问卷。问卷采用匿名的形式,您提供的所有信息仅用于学术研究,答案没有对错之分,请您放心勾选!在调查结束时,您将收到课题组为您准备的一份小礼物。非常感谢您的配合!

1.生活中,您从以下哪些渠道获取新闻?【多选题】

| | |
|---|---|
| □报纸 | □广播 |
| □电视 | □新闻网站 |
| □新闻弹窗 | □微博 |
| □微信 | □移动新闻客户端 |
| □搜索引擎 | □其他,请注明_____ |

2.您每天从各种渠道获取新闻的总时长是?【单选题】
□少于 10 分钟    □10～30 分钟    □30 分钟以上

3.近年来,传统媒体拓展新闻传播渠道,纷纷开办新闻网站、官方微博、官方微信公众号、移动新闻客户端。例如,人民网、《厦门日报》官方微博和微信,澎湃新闻客户端,就是由传统媒体开办的新媒体。请问,您每天使用传统媒体开办的新闻网站、微博、微信公众号、移动新闻客户端获取新闻的总时长是?【单选题】
□少于 5 分钟    □5～10 分钟    □10 分钟以上

4.以下是关于新闻媒体的作用的描述。请问您如何评价这些作用的重要程度?从 1 到 5,1 代表"非常不重要",5 代表"非常重要",请您在相应的数字下画"√":

| | 非常不重要 | 不重要 | 一般 | 重要 | 非常重要 |
|---|---|---|---|---|---|
| 1.提升群众的知识与文化水平 | 1 | 2 | 3 | 4 | 5 |
| 2.宣传党和政府的政策 | 1 | 2 | 3 | 4 | 5 |
| 3.阻止谣言、流言的散播 | 1 | 2 | 3 | 4 | 5 |
| 4.传达群众的意见和呼声 | 1 | 2 | 3 | 4 | 5 |
| 5.准确客观地传达信息 | 1 | 2 | 3 | 4 | 5 |
| 6.对社会热点、民生话题等展开讨论 | 1 | 2 | 3 | 4 | 5 |
| 7.报道最大多数群众感兴趣的新闻 | 1 | 2 | 3 | 4 | 5 |
| 8.为群众提供娱乐和休闲 | 1 | 2 | 3 | 4 | 5 |
| 9.监督和批评党政机关及其工作人员的言行 | 1 | 2 | 3 | 4 | 5 |
| 10.监督和批评工商界的言行 | 1 | 2 | 3 | 4 | 5 |

5.您目前居住的城市是?【单选题】

□福州市　　　□厦门市　　　□泉州市

6.您在该市居住的时长是?【单选题】

□2 年以下　　□2 年或 2 年以上

7.您的年龄是?【单选题】

□18～29 岁　　□30～45 岁　　□45 岁以上

8.您的学历是?【单选题】

□大专及以下　　□大学本科及以上

9.我们把"月收入"定义为工资、津贴、奖金以及其他任何形式的个人所得的总和。请问,您的月收入是?【单选题】

□4 000 元以下　　□4 000～8 000 元　　□8 000 元以上

以上是问卷的全部内容。再次感谢您的配合!

# 4.大学生的媒介角色期望
# （深度访谈提纲）

1.你最近留意到的一则新闻是什么？能否详细说一下。

2.你是在什么样的情况下关注到这条新闻？

3.你通常比较关注哪些类型的新闻？这些新闻吸引你的地方有哪些？

4.在你看来，什么样的信息可以被称作"新闻"？新闻和资讯如何区别？

5.就新媒体而言，你通常从哪些渠道获取新闻？

6.能不能请你列举一下你最常获取新闻的三条新媒体渠道？

7.这些新媒体渠道吸引你的地方在哪里？

8.你获取新闻的渠道是否有过变化，促使你改变的因素有哪些？

9.你是否关注过传统媒体自己办的新媒体？

10.（如果有）它们吸引你的地方在哪里？（如果没有）是什么原因促使你回避这些新媒体渠道？

11.在你看来，就新媒体而言，国内外办得比较好的新闻媒体有哪些？它们好在哪里？

12.在你的心目中，理想的新闻媒体应该是什么样的？它们应该具备哪些功能？

# 5.福建地方报业记者对媒体融合的看法
# （访谈提纲）

**提纲一（纸媒记者）**

1.您大概从什么时候开始在日常工作中使用新媒体？

2.在日常工作中，您主要使用新媒体做什么？

3.您如何看待新媒体在新闻工作中的作用？

4.您所在报社的全媒体融合有哪些举措？

5.这些举措给您日常的新闻工作带来的变化有哪些？能否请您举例说明一下？

6.您如何评价这些变化？

7.就您个人的经验和感受而言,全媒体融合对于纸媒记者来说究竟意味着什么？

8.您如何评价您所在报社的全传媒转型举措？

9.您对国内其他传统媒体的全媒体融合举措有了解吗？能否谈谈您的看法？

10.推动全媒体融合似乎正在成为传统媒体摆脱发展困境的主要出路,您如何看待这种趋势？

### 提纲二(新媒体中心编辑)

1.您大概从什么时候开始在日常工作中使用新媒体？

2.在日常工作中,您主要使用新媒体做什么？

3.您如何看待新媒体在新闻工作中的作用？

4.能否请你描述一下您最近一天的大致流程？

5.您在整个新媒体中心的日常工作中扮演什么样的角色？

6.跟您以前在纸媒的工作状态相比,进入新媒体中心有没有给您的工作状态带来什么改变？如果有,可否请您谈谈您对这些改变的感受？

7.就您的日常工作体验而言,进入新媒体中心对于新闻记者而言究竟意味着什么？

8.您对于所在报社的全媒体融合举措的了解程度如何？

9.就您个人感受而言,您如何评价您所在报社的全传媒转型举措？

10.您对国内其他传统媒体的全媒体融合举措有了解吗？能否谈谈您的看法？

11.推动全媒体融合似乎正在成为传统媒体摆脱发展困境的主要出路,您如何看待这种趋势？

### 提纲三(新媒体中心管理者)

1.能否请您描述一下新媒体中心的基本情况,包括结构/人员配置/工作流程/工作内容等？

2.请问您是在什么样的情况下接手新媒体中心的管理工作？

3.接手新媒体中心是否给您的日常工作带来改变？如果是，请问您如何评价这些改变？

4.在管理新媒体中心的过程中，您面临的困难主要有哪些？

5.新媒体中心在集团的全媒体融合规划中处于何种位置？在加速全媒体融合方面，您觉得新媒体中心未来还可以做些什么？

6.您对国内其他传统媒体的全媒体融合举措有了解吗？能否谈谈您的看法？

7.推动全媒体融合似乎正在成为传统媒体摆脱发展困境的主要出路，您如何看待这种趋势？

# 参考文献

## 中文文献

爱德曼集团.中国企业信任度下滑[J].国际公关,2015(2).

巴比.社会研究方法[M].邱泽奇,译.北京:华夏出版社,2005.

白红义.塑造新闻权威:互联网时代中国新闻职业再审视[J].新闻与传播研究,2013(1).

白红义.新闻权威、职业偶像与集体记忆的建构:报人江艺平退休的纪念话语研究[J].国际新闻界,2014(6).

白红义.新闻范式的危机与调适——基于纪许光微博反腐事件的讨论[J].现代传播,2015(6).

白红义.记者作为阐释性记忆共同体:"南都口述史"研究[J].国际新闻界,2015(12).

白红义."正在消失的报纸":基于两起停刊事件的元新闻话语研究——以《东方早报》和《京华时报》为例[J].新闻记者,2017(4).

白红义.边界、权威与合法性:中国语境下的新闻职业话语研究[J].新闻与传播研究,2018(8).

白红义,李拓.新闻业危机应对策略的"正当化"话语:一项基于中国媒体宣言的探索性研究[J].新闻大学,2017(6).

卞清.从"职业新闻人"到"在线行动者":记者微博的中国场景[J].现代传播,2012(12).

蔡雯.媒介融合前景下的新闻传播变革——试论"融合新闻"及其挑战[J].新闻大学,2006(5).

蔡雯.媒体微博:新闻传播变革的试验区——从地方报纸两会报道中的微博利用说起[J].新闻记者,2011(3).

陈楚洁.媒体记忆中的边界区分,职业怀旧与文化权威——以央视原台长杨伟光逝世的纪念话语为例[J].国际新闻界,2015(12).

陈楚洁,袁梦倩.社交媒体,职业"他者"与记者的文化权威之争——以纪许光微博反腐引发的争议为例[J].新闻大学,2015(5).

陈红梅.名记者微博的形象呈现及传播特性[J].当代传播,2015(6).

陈力丹,江凌.改革开放 30 年来记者角色认知的变迁[J].当代传播,2008(6).

陈力丹,江凌.传媒"四大职能"与记者角色认知[J].新闻前哨,2009(2).

陈宁,杨春.记者在社会化媒体中的新闻专业主义角色——以记者微博的新闻生产为例[J].现代传播,2016(1).

陈响园."新闻是新近信息的媒介互动"——试论新媒体传播背景下"新闻"的定义[J].编辑之友,2013(11).

陈阳.当下中国记者职业角色的变迁轨迹——宣传者、参与者、营利者和观察者[J].国际新闻界,2006(12).

陈洋.新媒体为何威胁不到日本报纸[J].青年记者,2015(36).

程征.报业拐点已至转型迫在眉睫——2012 年度报业传媒集团上市公司财报分析[J].中国记者,2013(6).

崔保国.中国传媒产业发展报告(2016)[R].北京:社会科学文献出版社,2016.

崔保国,何丹嵋.2014 年中国传媒产业发展报告[J].传媒,2015(6).

戴建波."90 后"大学生政治认同实证研究——基于湖北七所高校的调查分析[J].高教探索,2016(7).

党生翠.福彩传播中的媒介失范:以"中奖新闻"报道为例[J].现代传播,2015(2).

丁方舟."理想"与"新媒体":中国新闻社群的话语建构与权力关系[J].新闻与传播研究,2015(3).

丁方舟,韦路.社会化媒体时代中国新闻人的职业困境:基于 2010—2014 年"记者节"的新闻人微博职业话语变迁的考察[J].新闻记者,2014(12).

丁方舟,韦路.社会化媒体时代中国新闻从业者的认知转变与职业转型[J].国际新闻界,2015(10).

丁社教,崔喜凤.新时期大学生政治参与意识的研究综述[J].科学·经济·社会,2010(3).

段勃.中国调查性报道的发展趋势[J].当代传播,2006(1).

福建省人民政府发展研究中心课题组.福建建设 21 世纪海上丝绸之路核心区的研究报告[R].发展研究,2016(6).

福建省统计局.福建年鉴:2015[Z/OL].(2016-09-05)[2015-10-16].http://tjj.
　　fujian.gov.cn/tongjinianjian/dz2015/index-cn.htm.

福建省统计局.福建年鉴:2016[Z/OL].(2016-08-30)[2015-10-16].http://tjj.
　　fujian.gov.cn/tongjinianjian/dz2016/index-cn.htm.

福建省统计局.福建年鉴:2017[Z/OL].(2016-08-30)[2015-10-16].http://tjj.
　　fujian.gov.cn/tongjinianjian/dz2017/index-cn.htm.

甘斯.什么在决定新闻[M].石琳,李红涛,译.北京:北京大学出版社,2009.

高春梅.公共新闻与和谐社会的构建——以江苏卫视《1860新闻眼》为例[J].
　　新闻三观,2005(9).

郜书锴.媒介融合视域下新闻学研究的8个新议题——基于国外新闻学研究
　　者的文献综述[J].新闻记者,2012(7).

戈夫曼.日常生活中的自我呈现[M].冯钢,译.北京:北京大学出版社,2008.

郭恩强.多元阐释的"话语社群":《大公报》与当代中国新闻界集体记忆——以
　　2002年《大公报》百年纪念活动为讨论中心[J].新闻大学,2014(3).

国家新闻出版总署会第44号[Z/OL].(2009-08-24)[2019-06-28].http://
　　www.gov.cn/gongbao/content/2010/content_1565495.htm.

郭全中.2012:缘何重提"中国报业拐点论"[J].新闻前哨,2012(11).

郭镇之.舆论监督与西方新闻工作者的专业主义[J].国际新闻界,1999(5).

哈贝马斯.公共领域的结构转型[M].曹卫东,王晓珏,刘北城,等译.上海:学林
　　出版社,1999.

河连燮.制度分析:理论与争议[M].李秀峰,柴宝勇,译.北京:中国人民大学出
　　版社,2014.

何强.新媒体时代新闻人的职业流动及其影响[D].湖北大学,2017.

胡园园.透视德国报业危机[J].中国记者,2013(4).

黄炎宁.数字媒体与新闻"信息娱乐化":以中国三份报纸官方微博的内容分析
　　为例[J].新闻大学,2013(5).

嵇美云,查冠琳,支庭荣.全媒体社会即将来临——基于对"全媒体"概念的梳
　　理和剖析[J].新闻记者,2013(8).

鞠靖.深度报道生产方式的新变化——深度报道记者QQ群初探[J].新闻记
　　者,2012(1).

库恩.科学革命的结构[M].金吾伦,胡新和,译.北京:北京大学出版社,2003.

李彬.试谈新中国新闻业的"十大关系"[J].山西大学学报(哲学社会科学版),

2014(2).

里夫,赖斯,菲克.内容分析法——媒介信息量化研究技巧[M].嵇美云,译.北京:清华大学出版社,2010.

李红涛."点燃理想的日子"——新闻界怀旧中的"黄金时代"神话[J].国际新闻界,2016(5).

李红涛,黄顺铭.传统再造与模范重塑——记者节话语中的历史书写与集体记忆[J].国际新闻界,2015(12).

李继东,胡正荣.中国政治意识形态与传媒改革:关系与影响[J].新闻大学,2013(4).

李金铨.超越西方霸权:传媒与"文化中国"的现代性[M].香港:牛津大学出版社,2004.

李良荣.艰难的转身:从宣传本位到新闻本位[J].国际新闻界,2009(9).

李思思.从参与性媒介到媒介性参与:中国职业记者的微博实践与角色认知[J].新闻界,2017(5).

李玮.跨媒体·全媒体·融媒体——媒体融合相关概念变迁与实践演进[J].新闻与写作,2017(6).

李艳红,陈鹏."商业主义"统合与"专业主义"离场:数字化背景下中国新闻业转型的话语形构及其构成作用[J].国际新闻界,2016(9).

李艳红,龚彦方.作为反思性实践的新闻专业主义——以邓玉娇事件报道为例[J].新闻记者,2014(7).

李玉秀."厚报"时代地市报广告的发展策略——以泉州地区报业为例[J].新闻爱好者,2011(2).

刘亚娟,展江."车马费"何以变成打发"乞丐"的饭食?媒体从业者收受"红包"现象再探[J].新闻界,2018(2).

刘于思.从单位组织到话题参与:记者职业群体微博客社会网络的形成机制研究[J].新闻与传播研究,2013(1).

龙小农.知识生产者:记者社会角色的另一种想象[J].现代传播,2018(8).

罗文辉,陈涛文,潘忠党,等.变迁中的大陆、香港、台湾新闻人员[M].台北:巨流图书公司,2004.

路俊卫.新形势下新闻记者的角色认知及职业理念建构[J].湖北大学学报(哲学社会科学版),2014,41(4).

陆晔.新闻从业者的媒介角色认知——兼论舆论监督的记者主体作用[J].中

国青年政治学院学报,2003,2(22).

陆晔,潘忠党.成名的想象:中国社会转型过程中新闻从业者的专业主义话语建构[J].新闻学研究,2002(71).

陆晔,周睿鸣."液态"的新闻业:新传播形态与新闻专业主义再思考——以澎湃新闻"东方之星"长江沉船事故报道为个案[J].新闻与传播研究,2016(7).

马雪松.新制度主义政治学的流派演进与发展反思[J].理论探索,2017(3).

麦奎尔.麦奎尔大众传播理论[M].崔保国,李琨,译.北京:清华大学出版社,2010.

麦尚文.全媒体融合模式研究[M].北京:中国人民大学出版社,2012.

米德.心灵、自我与社会[M].赵月瑟,译.上海:上海译文出版社,1992.

马汉清.痛并快乐着:英国报业转型一瞥[J].中国记者,2014(1).

潘忠党,陈涛文.从媒体范例评价看中国大陆新闻改革中的范式转变[J].新闻学研究,2004(1).

全涛,朱月娥.数字时代,美国报业转型发展现状分析[J].编辑之友,2015(11).

人民网.加快推动传统媒体和新兴媒体融合发展[N/OL].(2014-04-23)[2017-11-2].http://politics.people.com.cn/n/2014/0423/c1001-24930310.html.

赛德曼.质化研究中的访谈:教育与社会科学研究者指南[M].周海涛,等,译,重庆:重庆大学出版社,2009.

时立文.SPSS 19.0统计分析从入门到精通[M].北京:清华大学出版社,2012.

舒德森.新闻社会学[M].徐桂权,译.北京:华夏出版社,2010.

苏林森.宣传者、营利者和传播者:中国新闻工作者的角色认知[J].国际新闻界,2012(8).

孙玮.媒介话语空间的重构——中国大陆大众化报纸媒介话语的三十年演变[J].传播与社会学刊,2008(6).

塔奇曼.做新闻[M].麻争旗,刘笑盈,徐扬,译.北京:华夏出版社,2008.

唐英,曹新伟.都市报全媒体转型的路径与困境思考——基于《华西都市报》的个案考察[J].西南民族大学学报(人文社会科学版),2015(12).

陶建杰,张志安.网络新闻从业者的媒介角色认知及影响因素——上海地区调查报告之三[J].新闻记者,2014(2).

田俊雷,申永杰.从法兰西晚报停刊看法国报业[J].新闻与写作,2014(3).

万智炯.三城记——福建报业变局之历史回顾[J].中国记者,2005(4).

王海潮,靖鸣.与受众共舞:互动视角下的记者微博[J].新闻大学,2014(5).

王敏.回到田野:新闻生产社会学的路径与转向[J].南京社会科学,2016(12).

吴涛,张志安.调查记者的微博使用及其职业影响研究[J].中国地质大学学报(社会科学版),2015(4).

奚从清.角色论:个人与社会的互动[M].杭州:浙江大学出版社,2010.

夏倩芳.党管媒体与改善新闻管理体制——一种政策和官方话语分析[J].新闻与传播评论,2004.

向安玲,沈阳,罗茜.媒体两微一端融合策略研究——基于国内110家主流媒体的调查分析[J].现代传播,2016(4).

新闻自由委员会.一个自由而负责的新闻界[M].展江,译.北京:中国人民大学出版社,2004.

幸培瑜.空间在哪里——福建报业变局之格局观察[J].中国记者,2005(4).

熊澄宇,吕宇翔,张铮.中国新媒体与传媒改革:1978—2008[J].清华大学学报,2010(1).

杨保军.民众新闻观念的实质及其可能影响[J].编辑之友,2015(10).

杨保达.第一财经"全媒体战略"的10年问题考察(2003—2013)[J].新闻大学,2013(2).

优化结构探新路,多元并进谋发展——福建报业发展综述[J].中国报业,2013(8).

喻国明.角色认知与职业意识——中国新闻工作者职业意识与职业道德抽样调查报告(之一)[J].青年记者,1998(2).

喻国明."拐点"的到来意味着什么——兼论中国传媒业的发展契机[J].中国记者,2005(10).

喻国明,张超,李珊,等."个人被激活"的时代:互联网逻辑下传播生态的重构——关于"互联网是一种高维媒介"观点的延伸探讨[J].现代传播,2015(5).

于正凯.技术、资本、市场、政策——理解中国媒体融合发展的进路[J].新闻大学,2015(5).

原平方.情境即信息:兼论新媒体传播情境的三重特性[J].现代传播,2015(6).

张辰韬.印度报业发展现状与市场前景预测[J].出版广角,2014(5).

张敏,孙洋.大学生手机社交APP使用行为的实证分析——以上海理工大学为例[J].传媒,2013(11).

张薇薇.论当代澳大利亚报业的发展[J].新闻学论集,2013(2).

张晓峰,童兵.我国受众的媒介角色认知与评价[J].新闻界,2007(6).

张燕清.福建文化生态与历史文化传承[J].东南学术,2003(5).

张志安,甘晨.作为社会史与新闻史双重叙事者的阐释社群——中国新闻界对孙志刚事件的集体记忆研究[J].新闻与传播研究,2014(1).

张志安,沈菲.媒介环境与组织控制:调查记者的媒介角色认知及影响因素（上）[J].现代传播,2012(9).

张志安,沈菲.媒介环境与组织控制:调查记者的媒介角色认知及影响因素（下）[J].现代传播,2012(10).

张志安,吴涛."宣传者"与"监督者"的双重式微——中国新闻从业者媒介角色认知、变迁及影响因素[J].国际新闻界,2014(6).

张志安,吴涛.互联网与中国新闻业的重构:以结构、生产、公共性为维度的研究[J].现代传播,2016(1).

张志安,章震.媒介融合语境下新闻职业权威的话语建构——基于48家媒体2016年新年献词的话语研究[J].现代传播,2017(1).

赵准.中国报业广告下滑成因探析[J].新闻记者,2015(4).

郑忠明,江作苏.新闻媒体的知识管理:另一种角色期待——以《纽约时报》创新实践为例[J].新闻记者,2016(5).

钟大年."颠覆"还是"重构"——关于新媒体环境下的"新闻专业主义"[J].现代传播,2014(9).

中国人民共和国国家统计局.年度数据[Z/OL].(2016-08-30)[2015-10-26].http://data.stats.gov.cn/easyquery.htm? cn=C01.

周葆华.中国新闻从业者的社交媒体运用以及影响因素:一项针对上海青年新闻从业者的调查研究[J].新闻与传播研究,2014(12).

周俊.试析新闻示范行为中的角色期望与角色领域[J].国际新闻界,2008(12).

周裕琼.互联网使用对中国记者媒介角色认知的影响[J].新闻大学,2008(1).

邹薇.经济发展理论中新制度主义思路的兴起与发展[J].经济评论,1998(4).

## 英文文献

ABDENOUR J，RIFFE D．The investigative DNA：role conceptions of local television investigative journalists[J]．Electronic news，2016，10(4)．

AKHAVAN -MAJID R．Mass media reform in China：toward a new analytical framework[J]．Gazette：the international journal for communication studies，2004，66(6)．

AKHAVAN -MAJID R，BOUDREAU T．Chain ownership，organizational size，and editorial role perceptions[J]．Mass communication faculty publications，1995，72(4)．

ATKINSON J．Performance journalism：a three-template model of television news [J]．The international journal of press/politics，2011，16(1)．

BASS A Z．Refining the "gatekeeper" concept：a U．N．radio case study[J]．Journalism quarterly，1969，46(1)．

BAYM G．Constructing moral authority：we in the discourse of television news[J]．Western journal of communication，2000，64(1)．

BEAM R A．Content differences between daily newspapers with strong and weak market orientations[J]．Journalism & mass communication quarterly，2003，80(2)．

BEAM R A，WEAVER D H，BROWNLEE B J．Changes in professionalism of U.S. journalists in the turbulent twenty-first century[J]．Journalism & mass communication quarterly，2009，86(2)．

BENNETT W L，GRESSETT L A，HALTOM W．Repairing the news：a case study of the news paradigm[J]．Journal of communication，1985，35(2)．

BERKOWITZ D．Doing double duty：paradigm repair and the Princess Diana What-a-story[J]．Journalism，2000，1(2)．

BERKOWITZ D．Professional views，community news：investigative reporting in small US dailies[J]．Journalism，2007，8(5)．

BERKOWITZ D，LIMOR Y，SINGER J．A cross-cultural look at serving the public interest：american and Israeli journalists consider ethical scenarios [J]．Journalism，2004，5(2)．

BLUMER H．Symbolic interactionism：perspective and method [M]．

Berkeley,Los Angeles,London:University of California Press,1998.

BOCZKOWSKI P J,MITCHELSTEIN E,WALTER M.Convergence across divergence:understanding the gap in the online news choices of journalists and consumers in Western Europe and Latin America[J].Communication research,2011,38(3).

BURGOON J K,BERNSTEIN J M,BURGOON M.Public and journalist perceptions of newspaper functions[J].Newspaper research journal,1983,5(1).

CARLSON M."Where once stood Titans":second-order paradigm repair and the vanishing U.S.newspaper[J].Journalism,2012,13(3).

CARLSON M,BERKOWITZ D A.Twilight of the television idols:collective memory,network news and the death of Water Cronkite[J].Memory studies,2012,5(4).

CARLSON M.Blogs and journalistic authority:the role of blogs in US Election Day 2004 coverage[J].Journalism studies,2007,8(2).

CARPENTER S,BOEHMER J,FICO F.The measurement of journalistic role enactments:a study of organizational constraints and support in for-profit and nonprofit journalism[J].Journalism & mass communication quarterly,2016,93(3).

CASSIDY W P.Variations on a theme:the professional role conceptions of print and online newspaper journalists[J].Journalism & mass communication quarterly,2005,82(2).

CASSIDY W P.Traditional in different degrees:the professional role conceptions of male and female newspaper journalists[J].Atlantic journal of communication,2008,16(2).

CHADHA K,KOLISKA M.Re-legitimizing the institution of journalism:the Indian news media's response to the "Radia Tapes" scandal[J].Journalism studies,2016,17(2).

CHAN J M,LEE C C.Mass media and political transition:the Hong Kong press in China's orbit[M].New York:The Guilford Press,1991.

CHAN J M, LEE F L F, PAN Z D. Online news meets established journalism:how China's journalists evaluate the credibility of news websites[J].New media & society,2006,8(6).

CHEN C S,ZHU J H,WU W.The Chinese journalist[M]//WEAVER D H.
The global journalists: news people around the world. Cresskill:
Hampton Press,1998.

CHEN H L,LEE CC.Press finance and economic reform in China[M]//
CHENG J.China review.Hong Kong:Chinese University Press,1998.

CHUNG D S. How readers perceive journalists' functions at online
community newspapers[J].Newspaper research journal,2009,30(1).

CODDINGTON M. Defending a paradigm by patrolling a boundary: two
global newspapers' approach to WikiLeaks[J].Journalism & mass com-
munication quarterly,2012,89(3).

COHEN B C.The press and foreign policy[M].Princeton:Princeton Univer-
sity Press,1963.

COOK T E. Governing with the news: the news media as a political
institution[M].Chicago:University of Chicago Press,1998.

DALEN A V,VREESE C H D,ALBAK E.Different roles,different content?
A four-country comparison of the role conceptions and reporting style of
political journalists[J].Journalism,2012,13(7).

DEUZE M.National news cultures:a comparison of Dutch,German,British,
Australian,and U.S. journalist[J].Journalism & mass communication quar-
terly,2002,79(1).

DEUZE M.What is multimediajournalism? [J].Journalism studies,2004,5
(2).

DONSBACH W.Journalists' conceptions of their audience:comparative indi-
cators for the way British and German journalists define their relations
to the public[J].International communication gazette,1983,32(1).

DONSBACH W.Lapdogs,watchdogs, and junkyard dogs[J].Media studies
journal,1995,9(4).

DONSBACH W.Journalists' role perception[M]//DONSBACH W.The in-
ternational encyclopedia of communication.London:Blackwell,2008.

DONSBACH W.Journalists and their professional identities[M]//ALLAN
S. The Routledge companion to news and journalism. London, New

York:Routledge,2010.

DONSBACH W,PATTERSON T.Political news journalists:partisanship, professionalism,and political roles in five countries[M]//ESSER F, PFETSCH B. Comparing political communication: theories, cases, and challenges.Cambridge:Cambridge University Press,2004.

EIDE M, KNIGHT G. Public/private service: service journalism and the problems of everyday life[J].European journal of communication,1999, 14(4).

EKSTRÖM M. Information, storytelling and attractions: TV journalism in three modes of communication[J]. Media, culture & society, 2000, 22 (4).

ELDRIDGE S II,STEEL J.Normative expectations:employing "communities of practice" models for assessing journalism's normative claims[J].Journalism studies,2016,17(7).

ERRIKSSON G,ÖSTMAN J.Cooperative or adversarial? Journalists' enactment of the watchdog function in political news production[J].The international journal of press/politics,2013,18(3).

FAKAZIS E.Janet Malcolm:constructing boundaries of journalism[J].Journalism,2006,7(1).

FISH S.Is there a text in this class? The authority of interpretive communities[M].Cambridge:Harvard University Press,1980.

FISHMAN M. Manufacturing the news[M]. Austin: University of Texas Press,1980.

FJAESTAD B,HOLMLÖV P G.What is news? The journalists' view[J]. Journal of communication,1976,26(4).

FREELON D.ReCal OIR:ordinal,interval,and ratio intercoder reliability as a web service[J].International journal of internet science,2013,8(1).

GERGEN K J. The concept of self[M]. New York: Holt, Rinehart & Winston,1971.

GIEBER W.Across the desk:a study of 16 telegraph editors[J].Journalism & mass communication quarterly,1956,33(4).

GIERYN T F.Boundary-work and the demarcation of science from non-science:strains and interests in professional ideologies of scientists[J].A-merican sociological review,1983,48(6).

GUREVITCH M,LEVY M,ROEH,I.The global newsroom:convergences and diversities in the globalization of television news[M]//DAHLGREN P, SPARKS C.Communication and citizenship:journalism and the public sphere in the new media age.London:Routledge,1991.

GUTSCHE R E JR.,NARANJO C,MARTINEZ-BUSTOS L."Now we can talk":the role of culture in journalistic boundary work during the boycott of Puerto Rico's LaComay[J].Journalism practice,2015,9(3).

HAFEZ K.Journalism ethics revisited:a comparison of ethics codes in Europe,North Africa,the Middle East and Muslim Asia[J].Political communication,2002,19(2).

HALL P A,TAYLOR C R.Political science and the three new institutionalisms[J].Political studies,1996,44(5).

HALLIN D C,MELLADO C. Serving consumers, citizens, or elites: democratic roles of journalism in Chilean newspapers and television news[J].The international journal of press/politics,2018,23(1).

HANITZSCH T.Journalists in Indonesia:educated but timid watchdogs[J]. Journalism studies,2005,6(4).

HANITZSCH T. Mapping journalism culture:a theoretical taxonomy and case studies from Indonesia[J].Asian journal of communication,2006, 16(2).

HANITZSCH T. Deconstructing journalism culture: toward a universal theory[J].Communication theory,2007,17(4).

HANITZSCH T.Populist disseminators,detached watchdogs,critical change agents and opportunist facilitators:professional milieus,the journalistic field and autonomy in 18 countries[J].International communication gazette,2011,73(6).

HANITZSCH T,ANIKINA M,BERGANZA R,et al.Modeling perceived influences on journalism:evidence from a cross-national survey of journalists [J].Journalism & mass communication quarterly,2010,87(1).

HANITZSCH T, HANUSCH F, MELLADO C, et al. Mapping journalism cultures across nations:a comparative study of 18 countries[J].Journalism studies,2011,12(3).

HANITZSCH T,MELLADO C.What shapes the news around the world? How journalists in eighteen countries perceive influences on their work[J].International journal of press/politics,2011,16(3).

HANITZSCH T, VOS T P. Journalistic roles and the struggle over institutional identity:the discursive constitution of journalism[J].Communication theory,2017,27(2).

HANUSCH F,TANDOR E C Jr. Comments,analytics,and social media: the impact of audience feedback on journalists' market orientation[J].Journalism,2019,20(6).

HEIDER D,MCCOMBS M,POINDEXTER P M.What the public expects of local news:views on public and traditional journalism[J].Journalism & mass communication quarterly,2005,82(4).

HELLMUELLER L, MELLADO C. Professional roles and news construction:a media sociology conceptualization of journalists' role conception and performance[J].communication & society,2015,28(3).

HENNINGHAM J.Australian journalists[M]//WEAVER D H.The global journalists: news people around the world. Cresskill: Hampton Press,1998.

HIMELBOIM I,LIMOR Y.Media institutions,news organizations,and the journalistic social role worldwide:a cross-national and cross-organizational study of codes of ethics[J]. Mass communication and society,2011,14(1).

HINDMAN E B.The princess and the paparazzi:blame,responsibility,and the media's role in the death of Diana[J].Journalism & mass communication quarterly,2003,80(3).

HINDMAN E B.Jayson Blair,the New York Times,and paradigm repair[J]. Journal of communication,2005,55(2).

HUXFORD J.The proximity paradox:live reporting, virtual proximity and the concept of place in the news[J].Journalism,2007,8(6).

JACOBS R N. Producing the news, producing the crisis: narrativity, television,and news work[J].Media,culture & society,1996,18(3).

JANOWITZ M. Professional models in journalism: the gatekeeper and the advocate[J].Journalism quarterly,1975,52(4).

JENKINS H. The cultural logic of media convergence [J]. International journal of cultural studies,2004,7(1).

JOHN B G,DADE C.Local broadcast journalism,user-generated content and boundary work[J].Media practice & education,2019,20(3).

JOHNSON B G, KELLING K. Placing Facebook: "Trending," "Napalm Girl," "fake news" and journalistic boundary work[J].Journalism practice,2018,12(7).

JOHNSTONE J W C, SLAWSKIE J, BOWMAN WW. The professional values of American newsmen[J].Public opinion quarterly,1972,36(4).

KEPPLINGER H M,BROSIUS H B,STAAB J F.Instrumental actualization: a theory of mediated conflict [J]. European journal of communication, 1991,6(3).

KIRAT ,M.Algerian journalists and their world[M]//WEAVER D H.The global journalists:news people around the world.Cresskill:Hampton Press,1998.

KITCH C. Anniversary journalism,collective memory,and the cultural authority to tell the story of the American past[J].Journal of popular culture,2002,36(1).

KLEMM C,DAS E, HARTMANN T.Changed priorities ahead:journalists' shifting role perceptions when covering public health crises[J].Journalism,2017,20(9).

KÖCHER R.Bloodhounds or missionaries: role definitions of German and British Journalists[J].European journal of communication,1986,1(1).

KOLJONEN K, RAITTILA P, VALIVERRONEN J. Crisis journalism at acrossroads? Finrish journalists' reflections on their profession after two school shooting cases[J].Journalism practice,2011,5(6).

KONIECZNA M, ROBINSON S.Emerging news non-profits:a case study for rebuilding community trust[J].Journalism,2014,15(8).

LAITILA T.Journalistic codes of ethics in Europe[J].European journal of communication,1995,10(4).

LANDERT D,MISCIONE G.Narrating the stories of leaked data:the changing role of journalists after Wiki Leaks and Snowden[J].Discourse, context & media,2017,19(5).

LEE CC,HE Z,HUANG Y."Chinese party publicity Inc." conglomerated: the case of the Shenzhen Press Group[J].Media,culture & society, 2006,28(4).

LEE C C, HE Z, HUANG Y.Party-market corporatism, clientelism, and media in Shanghai[J].The international journal of press/politics,2007, 12(3).

LEE F L,CUI D,ZHANG Z A.Ethical orientation and judgements of Chinese press journalists in times of change[J].Journal of media ethics,2015,30 (3).

LEWIN K.Frontiers in group dynamics Ⅱ:channels of group life; social planning and action research[J].Human relations,1947(1).

LEWIS S C.The tension between professional control and open participation [J].Information,communication & society,2012,15(6).

LIMOR Y, HIMELBOIM I.Journalism and moonlighting:an international comparison of 242 codes of ethics[J].Journal of mass media ethics, 2006,21(4).

MARCH J G,OLSEN J P.The new institutionalism:organizational factors in political life[J].The american political science review,1984,78(3).

MARTIN R K,O'KEEFE G J,NAYMAN O B.Opinion agreement and accuracy between editors and their readers[J].Journalism quarterly,1972,49 (3).

MCCALLG J,SIMMONS J L.Identities and interactions:an examination of human association in everyday life[M].New York:The Free Press,1978.

MCCAULEY M P,BLAKE K D,MEISSNER H I.The social group influences of US health journalists and their impact on the newsmaking process[J]. Health education research,2013,28(2).

MELLADO C.Professional roles in news content[J].Journalism studies,2015,16 (4).

MELLADO C,DALEN A V.Between rhetoric and practice:explaining the gap between role conception and performance in journalism[J].Journalism studies,2014,15(6).

MELLADO C,DALEN A V.Challenging the citizen-consumer journalistic dichotomy:a news content analysis of audience approaches in Chile[J]. Journalism & mass communication quarterly,2017,94(1).

MELLADO C,HELLMUELLER L,MARQUEZ-RAMIREZ M,et al.The hybridization of journalistic cultures:a comparative study of journalistic role performance[J].Journal of communication,2017,67(6).

MELLADO C,LAGOS C.Professional roles in news content:analyzing journalistic performance in the Chilean national press[J]. International journal of communication,2014(8).

MELLADO C,MARQUEZ-RAMIREZ M,MICK J,et al.Journalistic performance in Latin America:a comparative study of professional roles in news content[J].Journalism,2017,18(9).

MENKE M,KINNEBROCK S,KRETZSCHMAR S,et al.Convergence culture in European newsrooms[J].Journalism studies,2018,19(6).

MEYER J W,ROWAN B.Institutionalized organizations:formal structure as myth and ceremony[J].American journal of sociology,1977,83(2).

MEYERS O.Memory in journalism and the memory of journalism:Israeli journalists and the constructed legacy of Haolam Hazeh[J].Journal of communication,2007,57(4).

MISHRA S.Media convergence:Indian journalists' perceptions of its challenges and implications[J].Convergence:the international journal of research into new media technologies,2014,22(1).

PAN Z D.Spatial configuration in institutional change:a case of China's journalism reforms[J].Journalism,2000,1(3).

PAN Z D,CHAN J M.Shifting journalistic paradigms:how China's journalists assess "mediaexemplars"[J].Communication research,2003, 30(6).

PAN Z D,LU Y.Localizing professionalism:discursive practices in China's media reforms[M]//LEE C C.Chinese media,global context.London, New York:Routledge,2003.

PETERSON T E,DONSBACH W.News decisions:journalists as partisan actors[J].Political communication,1996,13(4).

PHILLIPS A,SINGER J B,VLAD T, et al. Implications of technological change for journalists' tasks and skills[J].Journal of media business studies,2009,6(1).

PIHL-THINGVAD S.Professional ideals and daily practice in journalism[J]. Journalism,2015,16(3).

PLAISANCE P L,SKEWES E A.Personal and professional dimensions of news work:exploring the link between journalists' values and roles[J]. Journalism & mass communication quarterly,2003,80(4).

POLUMBAUM J.The tribulations of China's journalists after a decade of reform[M]//LEE C C.Voices of China:the interplay of politics and journalism.New York:Guilford,1990.

PRESTON P.Making the news:journalism and news cultures in Europe[M]. London:Routledge,2009.

QUANDT T, SINGER J B. Convergence and cross-platform content production[M]//WAHL-JOURGENSEN K,HANITZSCH T.The handbook of journalism studies.New York,London:Routledge,2009.

QUINN S.Convergence's fundamental question[J].Journalism studies,2005, 6(1).

RAMAPRASAD J.A profile of journalists in post-independence Tanzania[J]. International communication gazette,2001,63(6).

RAMAPRASAD J,KELLY J D.Reporting the news from the world's rooftop: a survey of Nepalese journalists [J]. Gazette: the international journal for communication studies.2003,65(3).

RAMAPRASAD J,RAHMAN S.Tradition with a twist:a survey of Bangladeshi journalists[J].The international communication gazette,2006,68 (2).

REESE S D.The news paradigm and the limits of objectivity:a socialist at the Wall Street Journal[C].AEJMC,Washington,1989.

REICH Z,HANITZSCH T.Determinants of journalists' professional autonomy: individual and national level factors matter more than organizational ones[J].Mass communication and society,2013,16(1).

ROSEN J.Public journalism:a case for scholarship[J].Change,1995,27(3).

RUGGIERO T E.Paradigm repair and changing journalistic perceptions of the internet as an objective news source[J].Convergence: the international journal of research into new media technologies,2004,10(4).

RYFE D M.The nature of news rules[J].Political communication,2006,23(2).

SALTZIS K, DICKINSON R. Inside the changing newsroom: journalists' responses to media convergence[J].ASLIB proceedings,2008,60(3).

SCHMIDT V A.Discursive institutionalism:the explanatory power of ideas and discourse[J].Annual review of political science,2008(11).

SCHMIDT V A. Taking ideas and discourse seriously: explaining change through discursive institutionalism as the fourth "new institutionalism" [J].European political science review,2010,2(1).

SCHUDSON M.The sociology of new production[J].Media,culture & society,1989,11(3).

SCHUDSON M.The news media as political institutions[J].Annual review of political science,2002(5).

SHEN F,ZHANG Z A.Who are the investigative journalists in China? Findings from a survey in 2010[J].Chinese journal of communication,2013,6 (3).

SHOEMAKER P J, EICHHOLZ M, KIM E, et al. Individual and routine forces in gatekeeping[J].Journalism & mass communication quarterly,2001, 78(2).

SHOEMAKER P J,REESE S D.Mediating the message:theories of influence on mass media content[M].New York:Longman,1996.

SHOEMAKER P,REESE S D.Mediating the message in the 21st century:a media sociology perspective[M].New York:Routledge,2014.

SKOVSGAARD M.A tabloidmind? Professional values and organizational pressures as explanations of tabloid journalism[J].Media,culture & society, 2014,36(2).

SKOVSGAARD M, ALBæK E, BRO P, et al. A reality check: how journalists' role perceptions impact their implementation of the objectivity norm[J].Journalism,2013,14(1).

SKOVSGAARD M,DALEN A V.The fading public voice:the polarizing effect of commercialization on political and other beats and its democratic consequences[J].Journalism studies,2013,14(3).

SNIDER P.Mr.Gates revisited:a 1966 version of the 1949 case study[J]. Journalism quarterly,1967,44(3).

SPARROW B H.Uncertain guardians:the news media as a political institution[M].London:Johns Hopkins University Press,1999.

SPARROW B H.A research agenda for an institutional media[J].Political communication,2006,23(2).

STEINER L,GUO J,MCCAFFREY R,et al.The wire and repair of the journalistic paradigm[J].Journalism,2013,14(6).

STETS J E,BURKE P J.Identity theory and social identity theory[J].Social psychology quarterly,2000,63(3).

STROMBACK J,AELST P V.Exploring some antecedents of the media's framing of election news:a comparison of Swedish and Belgian election news[J].The international journal of press/politics,2010,15(1).

STRYKER S,BURKE P J.The Past,present,and future of an identity theory [J].Social psychology quarterly,2000,63(4).

TANDOC E C Jr.,HELLMUELLER L,VOS T P.Mind the gap:between journalistic role conception and role enactment[J].Journalism practice, 2013,7(5).

TANDOCJR E C Jr.,TAKAHASHI B.Playing a crusader role or just playing by the rules? Role conceptions and role inconsistencies among environment journalists[J].Journalism,2014,15(7).

TONG J R.Chinese journalists' views of user-generated content producers and journalism:a case study of the boundary work of journalism[J].Asian journal of communication,2015,25(6).

TONG J R.Journalisticlegitimacy revisited:collapse or revival in the digital age? [J].Digital journalism,2018,6(2).

TUCHMAN,G.Objectivity as strategic ritual:an examination of newsmen's notions of objectivity[J].American journal of sociology,1972,77(4).

VAN DER WURFF R,SCHOENBACH K.Civic and citizen demands of news media and journalists：what does the audience expect from good journalism[J].Journalism & mass communication quarterly,2014,91(3).

WAHL-JORGENSEN K.Is WikiLeaks challenging the paradigm of journalism? Boundary work and beyond[J].International journal of communication,2014(8).

WALLACE S. The complexities of convergence：multiskilled journalists working in BBC regional multimedia newsrooms[J].International communication gazette,2013,75(1).

WANG H Y,SPARKS C,LÜ N,et al.Differences within the mainland Chinese press：a quantitative analysis[J].Asian journal of communication, 2017,27(2).

WANG P,CHO L F,LI R.An institutional explanation of media corruption in China[J].Journal of Contemporary China,2018,27(113).

WEAVER D H, BEAM R A, BROWNLEE B J, et al. The American journalist in the 21st century：U.S.news people at the dawn of a new millennium[M].Mahwah：Lawrence Erlbaum,2007.

WEAVER D H,WILHOIT G C.The American journalist：a portrait of U.S. News people and their work[M].Bloomington, IN：Indiana University Press,1991.

WEAVER D H,WILHOIT G C.The American journalist in the 1990s：U.S. news people at the end of an era[M].Mahwah,NJ：Erlbaum,1996.

WEISCHENBERG S, LÖFFELHOLZ M, SCHOLL A. Journalism in Germany[M]//WEAVER D H. The global journalists：news people around the world.Cresskill：Hampton Press,1998.

WEISS A S.The digital and social media journalist：a comparative analysis of journalists in Argentina,Brazil,Colombia,Mexico,and Peru[J].International communication gazette.2015,77(1).

WHITE D M.The "gate keeper"：a case study in the selection of news[J]. Journalism & mass communication quarterly,1950,27(4).

WILLIAMS B A,DELLI CARPINI M X.Unchained reaction：the collapse of media gatekeeping and the Clinton-Lewinsky scandal[J]. Journalism,

2000,1(1).

WILLNAT L,WEAVER D H,CHOI J Y.The global journalist in the twenty-first century:a cross-national study of journalistic competencies [J].Journalism practice,2013,7(2).

WILLNAT L,WEAVER D H,WILHOIT G C.The American journalists in the digital age:how journalists and the public think about journalism in the United States[J].Journalism studies,2019,20(3).

WU W,WEAVER D H,JOHNSON O V.Professional roles of Russian and U.S. journalists:a comparative study[J].Journalism & mass communication quarterly,1996,73(3).

XU D.Red-envelope cash:journalists on the take in contemporary China[J]. Journal of media ethics,2016,31(4).

YIN L G,LIU X Y.A gesture of compliance:media convergence in China[J]. Media,culture & society,2014,36(5).

ZELIZER B.Covering the body:the Kennedy assassination,the media,and the shaping of collective memory[M].Chicago:University of Chicago Press,1992.

ZELIZER B.Journalists as interpretive communities[J].Critical studies in mass communication,1993,10(3).

ZHANG S X. What's wrong with Chinese journalists? Addressing journalistic ethics in China through a case study of the Beijing Youth Daily[J].Journal of media ethics,2009,24(2/3).

ZHAO Y Z.Toward a propaganda/commercial model of journalism in China? The case of the Beijing Youth News[J].International communication gazette,1996,58(3).

ZHAO Y Z.Media,market,and democracy in China:between the party line and the bottom line [M]. Urbana,Chicago:University of Illinois Press,1998.

ZHU J H,WEAVER D H,LO V H,et al.Individual,organizational,and societal influences on media role perceptions[J].Journalism & mass communication quarterly,1997,74(1).

# 后　记

　　伴随离住处不远的楼道里传出的此起彼伏的装修噪音,我终于在二〇一九年九月完成这本书。落笔那一刻,窗外的秋蝉仍在不知疲倦地鸣叫,仿佛在诉说我的遗憾——遗憾理论分析未能穷尽所有具有启发性的文献,遗憾比较的视角未能贯穿个案研究的始终,遗憾在不断接近研究对象的过程中几近失衡的理性与情感。所有憾事中,最令我叹惋的,是个别已经完成的篇章未能纳入本书(尊重研究对象的主观意愿)。希望来日,它们能以其他的方式接受读者的检视。

　　感谢同事邱红峰教授对我从事记者角色研究的鼓励并为调研的开展、研究发现的阐释提供宝贵建议;感谢林茵治、迟月利、陈素白、陈伟、史冬冬、殷琦、宫贺等众多好友的陪伴与支持,让研究成为乐事。

　　同样需要感谢的,是为若干个案研究的开展付出辛勤劳动的研究生同学。特别感谢唐羽佳和张健同学为调查和访谈收集数据,感谢谢吟雪、唐文静、钟玉鑫、何雨婷、李海燕和高天同学在内容分析中承担繁重的编码工作。若无他们检索、搜集和整理数据,此书难有付梓之时。

写于厦门大学南光三一四室

二〇一九年九月二十八日